Situación y problemática lingüística en la traducción del náhuatl al español en Morelos

Situación y problemática lingüística en la traducción del náhuatl al español en Morelos

Luz María Cervantes Guzmán

Número de Control de la Biblioteca del Congreso de EE. UU.:   2012901756
ISBN: Tapa Dura   978-1-4633-1607-5
               Tapa Blanda   978-1-4633-1605-1
               Libro Electrónico   978-1-4633-1606-8

Este Libro fue impreso en los Estados Unidos de América.

Para pedidos de copias adicionales de este libro, por favor contacte con:
Palibrio
1663 Liberty Drive
Suite 200
Bloomington, IN 47403
Llamadas desde los EE.UU. 877.407.5847
Llamadas internacionales +1.812.671.9757
Fax: +1.812.355.1576
ventas@palibrio.com
379061

INDICE

Introducción 17

Capítulo I: Historia del náhuatl y su presencia en el estado de Morelos.....25

1.1   Orígenes lingüísticos del náhuatl 26

1.2   Trayectoria del náhuatl clásico 29

1.3   ¿Nahua, azteca, mexica o mexicano? 40

1.4   ¿Cómo sobrevivió el náhuatl a la llegada del castellano en comparación con otras lenguas indígenas en el Estado de Morelos? 42

Capítulo II: La presencia del náhuatl en el estado de Morelos
en el campo de la traducción 45

2.1   Comunidades indígenas de habla náhuatl 46

2.2   Riqueza histórica de las traducciones 48

2.3   Mención de textos literarios traducidos
del náhuatl al español 59

Capítulo III: Filosofía náhuatl y Traductología: dos ciencias para
transmitir el mensaje nahua...65

3.1   El saber filosófico de los pueblos nahuas 66

3.2   La traductología en conjunto con la cosmovisión nahua 74

Capítulo IV: Análisis de traducciones literarias 85

    4.1   El cuento "El origen de Xoxocotla" 90

    4.2   La leyenda "El pozo de Coatepec"....................................95

Conclusión...103

Anexos 107

Bibliografía...111

A mis padres por creer en mí y por haberme
brindado su apoyo incondicionalmente.

A mis hermanos Ma. Gabriela e Ismael con todo cariño.

A mis profesores de la carrera de Licenciatura
en Idiomas por su comprensión y apoyo.

A mis asesores Mtra. Marta Pou Madinaveitia,
C. Marco Antonio Tafolla y Mtro. Juan Nicanor Nájera Alarcón
por haberme brindado sus valiosos conocimientos,
así como su tiempo y esfuerzo.

Gracias

PRÓLOGO

L A SANGRE AZTECA que por nuestras mexicanas venas corre suele opacar en nuestra conciencia colectiva el vestigio cultural de una civilización que en su momento fue grande y esplendorosa en los alrededores del desaparecido lago de Tezcoco, la cultura tolteca; habría mucho qué decir en torno a esta civilización, pero para lo que nos interesa en este breve, he de mencionar sólo su inicio, su época de esplendor y su misterioso desvanecimiento humano y animal.

Había una vez un grupo de peregrinos que llegaron de no se sabe dónde y se establecieron en un lugar incierto ubicado por algunos historiadores en Panutla, mientras que otros lo centran en lo que ahora es Tampico, pero otros lo sitúan en la Huasteca potosina y alguien más en el ahora Estado de Morelos, por lo que sea, ese lugar, si bien no tiene una ubicación cierta, sí goza de un nombre en el que concuerda una mayoría de arqueólogos: Tamoanchan, ahí se asentó eventualmente este grupo humano para pasar después a Tula y de ahí a Teotihuacan, aunque otros investigadores mencionan que fue al revés: de Teotihuacan a Tula, mas de cualquier modo, lo importante aquí es mencionar que ese grupo de peregrinos, guiado por su dios Quetzalcoatl, llegó, se estableció y extendió por el territorio del valle de México hacia los siglos V-IX de nuestra era, se organizó política y socialmente, recreó su espacio y ambiente, construyó verdaderos monumentos arquitectónicos y pictóricos dignos de admiración, algunos de los cuales permanecen aún en nuestros días y después, como por abducción extraterrestre, desapareció dejando, en herencia para quien llegara a ocupar nuevamente ese lugar, todo lo que pudieron hacer; ¿qué pasó? ¿A dónde se fueron? ¿Por qué? Son preguntas que a la fecha no pueden ser resueltas satisfactoriamente.

La milenaria cultura de la que en el párrafo anterior se ofrece una somera monición en forma de cuento o leyenda es la ya mencionada cultura tolteca. *"Tolteca: artista, discípulo, abundante, múltiple, inquieto. El verdadero artista: capaz, se adiestra, es hábil; dialoga con su corazón, encuentra las cosas en su mente..."*, nos describe Miguel León Portilla acerca del vocablo nahua *toltécatl*, artista porque sabe modelar las cosas que toma entre sus manos de tal manera que, al transformarlas, deja maravillados a quienes contemplan la obra; discípulo, como heredero de la doctrina y enseñanza del dios Quetzalcoatl; abundante, inquieto, prolífico como fruto del diálogo sostenido con su propio corazón, que ha rumiado, sugiere León Portilla, el legado espiritual del mundo náhuatl, transformándose el mismo artista en un *yoltéotl*, "corazón endiosado". He aquí en apretado resumen la esencia de la "toltequidad", característica de la que viene a cuento hablar aquí dado que es el seno en el que se gestó el idioma que es el centro de atención en este libro: el idioma náhuatl, que como el sonido claro y puro del paso del agua expresa en alto la mística percepción del hombre nahua respecto del cosmos: lo divino, lo humano y lo que no es humano ni divino que sirve de mucho para representar a los dos anteriores, recordemos a propósito de esto último, por ejemplo, a Quetzalcoatl, nombre del místico y mítico personaje en el que confluyen los nombres de dos animales, uno de aire y otro de tierra -cielo y suelo unidos bajo la conexión de dos nombres dados a dos animales-, el quetzal y la serpiente, encarnando lo humano y lo divino a la vez, lo terrestre y lo celeste, dando lugar y paso a lo que los cristianos llamaríamos perfecto, santo, sagrado.

Desvanecidos los toltecas en el tiempo y el espacio, años después llegaron los aztecas, otro grupo de peregrinos que acudió tarde a la repartición del territorio del valle de México (ca. s. XIV d.C.) pero que supo movilizarse y formar alianzas con los pueblos vecinos de tal manera que en pocos años pasó a ser, de un pueblo arrimado que nadie quería, a lo que ellos concibieron como El Pueblo del Sol, con dominio más o menos desde el actual San Luis Potosí por el norte de México hasta el actual Nicaragua por el sur y de costa a costa. Con respecto a lo que inicialmente sugiero hablando de los aztecas, es de reconocerse que gracias a su permisividad, a su valoración o a su espíritu parasitario, se puede tener noticia de lo que hubo anteriormente a ellos en Mesoamérica. Es sabido que su propia cosmovisión los llevó a destruir la memoria histórica de los pueblos vencidos y aún la suya propia prestos a elaborar otra cuya novedad era un "mexicacentrismo", es decir, una historia donde figurara el pueblo azteca como algo sumamente destacado, imponente Pueblo del Sol. Pues bien, a pesar de esa destrucción de códices y todo lo que hablara de historia anterior a ellos, fueron preservados algunos elementos, y es precisamente esta actitud la que califico como permisividad, mas su espíritu parasitario lleva en consecuencia la valoración de todo aquello que les pareció útil para sus fines: construcciones, pictografía, mitos, leyendas, instrucciones morales, educación, etc., y que ya estaba a disposición de ellos, recordemos aquí, por ejemplo, la ciudad de Teotihuacan, ciudad deshabitada a la llegada de los aztecas, o las ciudades de Tezcoco, Huexotzinco o Cholula, verdaderos centros de sabiduría y/o ceremoniales. Bien podríamos decir que independientemente del grupo denominado "mexica" o "azteca", tenemos mucho de lo cual enorgullecernos, algo que es mucho más que la sangre guerrera y valerosa de aquellos: la sapiencia, la creatividad, la cuenta de los tiempos, la nobleza moral transmitida, como se ha dicho, por el lenguaje cuyos rasgos están siendo felizmente desenterrados y/o sacados de las entrañas del tiempo y del espacio.

Me parece sumamente alentador que las nuevas generaciones de investigadores –como Luz María Cervantes- tengan a bien revalorar en su justa dimensión nuestro pasado indígena, ello –de alguna manera u otra, tarde o temprano- les conducirá y nos ayudará a sus lectores a comprender algunos rasgos de nuestro ser cultural, al menos en la parte central de nuestro país, por su calidad que justifique una mejor forma de vida, quizá incorporar algunos otros y, por último, resignificar algunos de los hábitos nuestros en los que se encarnan reminiscencias de lo antiguo, como el sincretismo religioso, por ejemplo, característica por la que no tenemos problema en mezclar elementos provenientes de una cosmovisión con elementos contradictorios al mismo, como ha sido el caso hasta nuestros días de incorporar nuevas divinidades al panteón propio, hecho que ya se practicaba desde antes de la conquista española y se sigue realizando, pensemos, por ejemplo, en el culto a la santa muerte combinado con la veneración a san Judas Tadeo, lo primero va contra la doctrina cristiana en general y lo segundo que proviene del cristianismo católico pero cuya combinación de cultos no encuentra mayor objeción sobre todo entre grupos de personas que simple y sencillamente dan rienda suelta a su poca instruida espiritualidad.

Desde mi punto de vista este libro es un excelente pretexto para que el lector contemple destellos del mundo náhuatl conservado desde el periodo mesoamericano inmediatamente anterior a la conquista española hasta nuestros días, pues, como dice Luz María al inicio de su libro, aún hay comunidades de lengua y cosmovisión nahuas –por ejemplo Tetelcingo-, así como estudiosos de renombre –v.gr. Ángel María Garibay y León Portilla.

Sin más preámbulos pues y para dar paso a la lectura y el deleite de este trabajo, concluyo esta breve presentación felicitando en mucho a Luz María por dos razones: la primera tiene que ver con su decisión de ponerse a investigar, sintetizar y escribir con gran parte de la seriedad que su persona le permitió; esto es algo que ya casi no veo entre los estudiantes de últimos cursos y próximos a la titulación que prefieren vías relativamente más fáciles para obtener el grado académico correspondiente; segunda razón: por haber abordado el tema que abordó, a saber, el tema de la cultura náhuatl a través del idioma procedente de la misma conectado, según su creatividad, con la traductología. Enhorabuena por esta nueva escritora y le deseo éxito no sólo en este proyecto que ya ve la luz del público, sino para los que en adelante seguirán… hasta el fin de sus días.

Mtro. Juan Nicanor Nájera Alarcón.

INTRODUCCIÓN

EL OBJETIVO GENERAL de esta investigación es analizar cuáles fueron y siguen siendo los problemas más comunes de traducción de las obras literarias del náhuatl al español en Morelos, y como objetivos específicos están el mencionar la trayectoria e importancia de las lenguas indígenas que llegaron al estado de Morelos, enfocándome en el náhuatl como la más importante y sobresaliente de éstas; mencionar la importancia de su cultura, literatura, cosmovisión y filosofía; mencionar los métodos más frecuentes que se utilizaron para elaborar las traducciones; analizar las traducciones de dos obras literarias en náhuatl que han marcado a dos comunidades, la de Xoxocotla y la de Coatepec, ambas ubicadas en Morelos, y por último verificar si estas traducciones son fieles a los textos originales. Como traductora quería saber si era necesario poseer una formación especializada de la cultura y cosmovisión náhua para entender y posteriormente traducir obras literarias modernas en náhuatl al español. Empecé por indagar quienes fueron nuestros antepasados y a qué tipo de conquista se enfrentaron para entender nuestras raíces y de esta manera valorarlas. Muchos se enfocan en los aspectos negativos de la cultura azteca, otros le dan una mayor prioridad a sus aportaciones científicas, filosóficas y culturales, hay que encontrar ese punto medio que nos ayude a cerrar esa brecha con nuestros ancestros, no hay que verlos como un pasado lejano, amargo y desconocido sino como un pasado digno que nos dejó una sabiduría inigualable como legado. Muchos no se detienen a pensar que esta conquista española no simplemente fue territorial, sino que arrasó con todo lo que para nuestros antecesores era lo más importante: el sentido de sus vidas. Este sentido de la vida englobaba su lengua, su identidad, sus conocimientos extralingüísticos, su cultura y costumbres, las cuales integraban una civilización. Esta civilización de la que hablo fue la azteca que tenía sometidos a varios pueblos de Mesoamérica. Sus costumbres estaban arraigadas a un pueblo que fue culto y que siempre se basó en el trabajo colectivo, para subsistencia del grupo social. Al destruir esta armonía, la cosmovisión del azteca se distorsionó poco a poco con la imposición de la religión cristiana y de la lengua española. Más adelante explicaré con más detalle esta cosmovisión que tenían los pueblos nahuas. Después de toda la trayectoria que hicieron los pueblos nahuas, lingüísticamente hablando, veremos que quedaron evidencias tangibles en el estado de Morelos.

Morelos es un estado rico en comunidades étnicas que hablan las siguientes lenguas indígenas con sus respectivas variantes: el náhuatl, el mixteco, el tlapaneco y el zapoteco. No obstante la riqueza idiomática de éstas presentes en Morelos, me enfocaré nada más en el náhuatl por ser la más importante ya que desde el 2005 se reporta que el 65.14%[1] del total de hablantes de lengua indígena lo habla, el 14.4% habla mixteco, el 5.49% habla tlapaneco, mientras que del resto desafortunadamente no se tiene un registro. El náhuatl se habla en algunas comunidades que se encuentran en Cuentepec, Hueyapan, Santa Catarina y Xoxocotla.

El censo del INEGI[2] en el 2000 registró cerca de 18 656 entre hombres y mujeres de 5 años y más de hablantes de náhuatl en Morelos. Más tarde, en el 2010 se registraron 16 128 bajo la misma temática. Aquí vemos un pequeño descenso que desafortunadamente seguirá ocurriendo si no ayudamos a preservar esta lengua tan maravillosa que guarda secretos de nuestra historia y que, a su vez, ha asombrado a muchos de los antropólogos, lingüistas, sociólogos e historiadores de épocas pasadas y de nuestros tiempos. He aquí algunos datos sobre las ocupaciones actuales dentro y fuera

---

[1] COESPO MORELOS, "Indígenas de Morelos", del día 23 marzo 2010. <http://www.coespomor.gob.mx/poblacion/Indigenas_de_Morelos_COESPO_MORELOS_SEP%202007.pdf>.

[2] INEGI, del día marzo 2010. <http://www.inegi.org.mx/inegi/default.aspx>.

de la comunidad indígena: el 33.55%[3] son trabajadores agropecuarios, el 17.28% son artesanos o trabajadores fabriles, el 12.16% son comerciantes o despachadores, mientras que el resto se dedican a vender, a trabajar como empleados domésticos o simplemente son ayudantes o peones.

Ahora bien, es una lengua que va arraigada a una comunidad rica en tradiciones, es una pena que no se lleven a cabo los suficientes programas por parte del gobierno ni que exista el suficiente interés por parte de la comunidad no indígena por rescatarla. Con respecto a este trabajo de investigación y análisis, a continuación daré una síntesis de cada uno de los cuatro capítulos.

En el primer capítulo expondré una breve cronología de los pueblos totonaca y tolteca que precedieron a la civilización azteca hasta la fundación de *Tenochtitlan*[4]. Proseguiré con la explicación de los orígenes lingüísticos del náhuatl, así como sus variantes y su distribución lingüística en varios de los estados de la República (Puebla, Veracruz, Hidalgo, entre otros) para finalmente enfocarnos en la llegada del náhuatl al estado de Morelos. El lector se dará cuenta, a lo largo de esta investigación, de mi afán por clasificar y mencionar al náhuatl como una lengua y no como un dialecto lo cual ha sido un error desde hace un centenario. Un dialecto es, utilizado por lingüistas, una variante de alguna lengua, mientras que la lengua es un sistema de signos fónicos o gráficos con el que se comunican los miembros de una comunidad humana[5]. Por lo tanto al nombrarla como dialecto

---

[3]   COESPO MORELOS, "Indígenas de Morelos", del día 3 marzo 2010. <*http://www.coespomor.gob.mx/poblacion/Indigenas_de_Morelos_COESPO_ MORELOS_SEP%202007.pdf*>.

[4]   Aunque en español la palabra "Tenochtitlán" lleva acento en la última sílaba, decidí aplicar la ortografía nahua, la cual dicta que todas las palabras son graves.

[5]   Miryam Yataco, "Lenguas, dialectos: teoría concerniente. Una introducción a conceptos básicos sobre lingüística". Aparece en el boletín de New York, del día 27 octubre 2011. p 2. <*www.linguisticrights.org/es/documentos/Lenguas_dialectos_teoría_ concerniente_Una   _introducción_a_conceptos_básicos_sobre_linguistica_Miryam_ Yataco_NYU_Steinhardt.pdf*>.

estaríamos quitándole el valor que ésta tiene con respecto al español. Más adelante, hablaré sobre la etimología y la definición del término náhuatl y el origen del término náhuatl clásico. Es de suma importancia, como lo veremos más adelante, saber cuáles fueron los estudios, investigaciones, aportaciones como: gramáticas, diccionarios, entre otros, que se efectuaron después de la conquista durante el periodo novohispano, en el siglo XIX y XX hasta nuestros días en torno al náhuatl para conocer el desarrollo y la evolución de esta lengua a través de estas pruebas vivientes. Explicaré que la lengua náhuatl ha recibido varios nombres a través de los siglos, tales como: nahua, azteca, mexica o mexicano, para definir cuál es la correcta. Por último, hablaré de cómo sobrevivió el náhuatl a la llegada del castellano en comparación con otras lenguas indígenas después de la conquista.

En el segundo capítulo haré referencia a la distribución y ubicación de las comunidades nahuas en el estado de Morelos. Posteriormente, expondré algunos datos estadísticos de las comunidades indígenas que actualmente tienen como lengua materna el náhuatl. Más adelante, señalaré que gracias a la riqueza histórica de las traducciones, trabajos históricos y antropológicos después de la conquista, la independencia, la revolución con Emiliano Zapata hasta nuestros días, han servido para proporcionar datos valiosos sobre la filología náhuatl. Por último, presentaré los textos literarios que han sido traducidos del náhuatl al español y daré un ejemplo de una leyenda nahua.

En el tercer capítulo empezaré con una introducción a la filosofía náhuatl. Hablaré sobre sus características, su simbolismo, sus sabios, Quetzalcoatl, y los oficios dentro de la sociedad nahua, los cuales eran muy importantes pues desempeñaban papeles muy específicos para que su lengua siguiera viva. Es importante conocer este aspecto de la cultura nahua, ya que ella encerraba todos sus conocimientos y el modo de ver el mundo exterior, lo cual nos va a ayudar a comprender mejor el porqué de los errores en las traducciones de los textos y manuscritos. No sin antes mencionar la importancia del significado de "flor y canto" en esta cosmovisión náhuatl y crearé un vínculo con la traductología, para que con la ayuda de las dos, el proceso de traducción sea más efectivo, es decir, que sea fiel al texto original y al mismo tiempo adaptado al lector que no está familiarizado con las características de la lengua náhuatl. Dentro del subtema de la traductología compararé dos formas muy peculiares de traducción de dos grandes traductores e historiadores: Ángel María Garibay[6] y Miguel León-Portilla[7].

En el cuarto capítulo expondré los principales géneros literarios, sus características, sus diferentes composiciones y su función en el náhuatl. Me enfocaré, ahora sí, en el análisis de dos traducciones, la primera intitulada "El origen de Xoxocotla" y la segunda "El pozo de Coatepec". Más adelante explicaré el objetivo de estas traducciones y los problemas lingüísticos y extralingüísticos más comunes como son: la fidelidad, la comprensión del texto, la falta de un amplio vocabulario de la lengua origen, o inclusive falta de equivalentes en la lengua meta, o viceversa y las interferencias recíprocas, entre otros, con ayuda del nahuatlato Marco Antonio Tafolla Soriano. Al final de cada versión de traducción, expondré una nueva versión para verificar qué tan fieles fueron las traducciones anteriores al texto original.

Es muy probable que muchas de las razones por las cuáles no se han concluido muchos de los proyectos para preservar y difundir la lengua

---

[6] Traductor originario de Toluca. En su adolescencia ingresó al Seminario Conciliar de México. Fue ordenado sacerdote en 1917 e inició su ministerio en Jilotepec, Estado de México donde aprendió la lengua otomí recogiendo textos y traducciones indígenas. Realizó varias traducciones a partir del hebreo, del arameo y del griego sobre las Sagradas Escrituras. Fue profesor de la Facultad de Filosofía y Letras de la UNAM, y más tarde fue director del Seminario de Cultura Náhuatl formando alumnos como Miguel León-Portilla y Rubén Bonifaz Nuño. Es autor de varios escritos: *La poesía lírica azteca*, *Llave del Náhuatl*, *Poesía indígena de la altiplanicie*, Historia *de la literatura náhuatl*, *Veinte Himnos sacros de los nahuas*, entre otros. Murió en 1967.

[7] Nació en la ciudad de México en 1926. Es antropólogo e historiador mexicano y autoridad del pensamiento y la literatura nahuas. Desde 1988 es investigador emérito de la Universidad Nacional Autónoma de México. Es autor de varios libros como *Los antiguos mexicanos*, *La visión de los vencidos* y *Literaturas indígenas de México*.

náhuatl a través de los mitos, cuentos y leyendas sean por la falta de conciencia por parte de la sociedad, pero también por la falta de traducciones actuales que se acoplen a la era en la que vivimos. Esto quiere decir que al no mejorar las traducciones literales para que los mexicanos las entiendan y se interesen por conocer su pasado el declive inevitable de esta lengua será definitivo. ¿Pero cómo se puede difundir una lengua? Uno de los medios es la literatura. Han existido programas como el SENTLALISTLI IN TLAKEUALISTLI TONEMILLIS "XOXOKOLTEKAYOTL"[8] la cual era una organización que se creó en 2003 y que operaba en todo el estado de Morelos, especialmente en el sudoeste y que ayudaba a pueblos como Xoxocotla (Municipio de Puente de Ixtla) y Cuentepec (Municipio de Temixco); sus propuestas se enfocaron en la enseñanza de la lengua náhuatl mediante métodos audiovisuales para niños que hablaban español con padres de habla náhuatl, porque aunque los hijos hablen español toda la percepción del mundo es en la lengua de sus padres (el náhuatl). Asimismo, colaboraron para crear un grupo de peritos traductores con el objetivo de llevar juicios penales, que ayudaran también a difundir sus derechos indígenas y sus derechos como cualquier otro ciudadano mexicano. Se ha hecho otros esfuerzos como el de crear un taller de video indígena llamado "KISTOK" dirigido por la Academia de la Lengua Náhuatl Xitlatokan desde 1992, con el fin de difundir el patrimonio tangible e intangible de la comunidad náhuatl. Aún así falta poner nuestro granito de arena, los que formamos parte de la sociedad mexicana moderna, para realmente lograr una gran difusión y la preservación de nuestra lengua indígena: el náhuatl.

Ahora bien, este tema acaparó mi atención debido a las traducciones tan metafóricas que se han hecho del náhuatl al español, sin mencionar que la presencia de los pueblos indígenas en nuestro Estado ocupa un

---

[8]   Sentlalistli in tlakeualistli tonemillis "Xoxokoltekayotl (Centro de promoción cultural y agropecuaria "Xoxoltecáyotl")", del día 3 marzo 2010, <*http://www. redindigena.net/organinteg/sentlalistli.html*>.

lugar significativo, aportando información valiosa sobre la historia, los conocimientos y la espiritualidad de nuestros ancestros. Quise adentrarme más a este mundo, de alguna manera desconocido para mí, y creo que el reto más grande fue no nada más recopilar información de la filología náhuatl específicamente de Morelos, sino también el hacer un análisis de las traducciones presentadas en el capítulo IV, basándome en mi método de traducción y encontrar por qué, de acuerdo a mi investigación, se han hecho más traducciones literales que libres, distorsionando así el mensaje. Decidí enfocarme e investigar la cosmología y simbología nahuas para poder entender su forma de ver la vida y todo lo que les rodeaba. Pero me di cuenta que las obras literarias en náhuatl también englobaban toda una filosofía y una cosmovisión indescriptibles e inimaginables que no se han podido entender por completo. De ahí parten la mayoría de los problemas a los que se han enfrentado todos los traductores de esta lengua, porque al no entender esta filosofía nahua no se puede definitivamente trasladar el sentido completo del mensaje.

Estos errores se han cometido desde el primer fraile que quiso traducir los textos, el cual interpretó los jeroglíficos a su manera, poniéndolos como base para las próximas traducciones, que desafortunadamente resultarían, muchos de ellos, en mensajes equívocos. Tanto historiadores como traductores, que se han dedicado a interpretar estos manuscritos, han aportado nuevos hallazgos (como el significado de los colores, las figuras y las posiciones de estas figuras que se encuentran en los primeros libros nahuas, que describen toda una cosmovisión) y han intentado seguir precisamente esta filosofía nahua para dejar de lado todas las versiones erróneamente traducidas, aunque no en su totalidad, y empezar desde cero con la finalidad de transmitir y difundir el mensaje nahua, a través de las obras literarias.

CAPÍTULO I

Historia del náhuatl y su presencia en el estado de Morelos

(Imagen del Códice Xolotl www.proel.org/index.php?pagina=alfabetos/nahuatl)

1.1 Orígenes lingüísticos del náhuatl

PARA AYUDAR AL lector a ubicarse en el tiempo decidí exponer esta breve cronología de la presencia nahua desde el año 500 d.C. hasta la fundación de *Tenochtitlan*:

- 500 d. C. Aparecen los primeros nahuas en América Central. (Cabe destacar que antes de esa fecha los nahuas ocupaban una región fuera de Mesoamérica, en algún punto entre Kora-Wichol-Kaskan-Tekwexe en el Oeste y huasteco en el Este). En este mismo año arribaron al Valle de México y poco después una lengua, pochuteco, se estableció en la costa del Pacífico de Oaxaca. El nahua adquirió del totonaco, otra lengua que se encontraba en esa región, el sufijo diminutivo –tzi:n y el fonema /tl/ (este fonema caracterizó el dialecto de *Tenochtitlan* en época más tardía). Gradualmente los totonacos fueron expulsados de las tierras altas centrales mexicanas. Otras lenguas que se mezclaron con la nahua: la matlatzinka, chocho, tlapaneco, kwitlateko, soteapaneco, popoluca, xinkan, lenkan y koran.
- 800-900 d.C. Surgimiento y expansión de los toltecas. El nahua septentrional ya había puesto sus cimientos, entrado desde el centro de México cuando aún no había huellas de dialectos locales desarrollados, que posteriormente sería la forma nahua utilizada por los toltecas. Asimismo el nahua oriental y el pipil comenzaron a ser colonizados por el nahua septentrional.
- 1000 d.C. El nahua occidental fue colonizado por el nahua central.
- 1100-1150 d.C. Expansión totonaca al centro de la costa del Golfo.
- 1150-1200 d.C. Declive de la civilización totonaca.
- 1325 d.C. Los aztecas o mexicas fundaron *Tenochtitlan*. Más adelante, aparecieron las primeras escuelas y academias en las cuales se le enseñaba a la juventud el náhuatl (nahuatlahtolli), al igual

que a hablar bien, memorizar, recitar, cantar, en pocas palabras a "enseñar palabras bellas". En los templos había toda una escuela de compositores de poesía y canto al servicio del sacerdocio y la nobleza. En todas las comunidades había oradores que recitaban los famosos *huehuetlatolli* o discursos morales, llenos de retórica y metáforas elegantes dedicados al ciclo de la vida. Aunque el Imperio de los aztecas solamente duró cerca de un siglo, tuvo una gran influencia social, política y cultural en Mesoamérica, especialmente sobre las otras variantes del náhuatl con las que entró en contacto.

- 1400 d.C. Se completó la distribución del territorio nahua. El nahua entró en contacto con otras lenguas que ya estaban allí desde hacía tiempo y experimentó influencias de las lenguas locales. Mientras tanto fuera de Mesoamérica (región que se extiende desde el centro de México hasta Centroamérica), el pre-nahua tomó un número de préstamos locales del huasteco y sufrió influencia fonológica de las lenguas koran. También tomó préstamos de origen mixe-zoque, como resultado de los puestos avanzados Olmecas en el México central y occidental.

La variante del náhuatl, verdadera lingua franca[9] de Mesoamérica durante el postclásico que hablaban los aztecas o mexicas, se encuentra en el tronco uto-azteca de la familia azteca-tanoana (Véase en el cuadro 1 de las lenguas uto-azteca en la página 92). El grupo de las lenguas aztecas-tanoanas

---

[9] Lingua franca o de uso común en todo el *Anahuac* - nombre antiguo de una extensa zona cultural a la que los investigadores llaman Mesoamérica- abarca los territorios de México, Guatemala, El Salvador, Honduras, Nicaragua, entre otros. El territorio Anahuac se conformó con la llegada de los Olmecas, alcanzando su auge bajo los reinos de *Teotihuacan* y los mayas y su declive en 1521 con la conquista española, "Algunos conceptos sobre Anahuac y la Toltequidad", del día 4 marzo 2010, <*http://www.templotolteca.com/tse/sp/ paginas/conceptos.html*>

pertenece a una de las familias de las lenguas indias de Norteamérica. Este grupo azteca-tanoano se divide en dos:

- Uto-azteca: incluye el náhuatl, hopi, piman y shoshonean (con comanche y paiute).
- Tanoano-kiowa.

El náhuatl -al igual que el corachol, pimana y taracahita, que son familias lingüísticas- parte del mismo tronco lingüístico llamado yuto-nahua [yuta-nawa]. La relación genética entre las lenguas que se conocen hoy como tronco yuto-nahua se ha reconocido desde los últimos años del siglo XIX, y se ha establecido firmemente desde mediados del siglo XX. Sin embargo se sigue debatiendo la clasificación interna de las lenguas yuto-nahuas, ya que no existe suficiente información o testimonios que ayuden a la investigación[10].

El tronco[11] yuto-nahua fue uno de los más grandes grupos de lenguas de la América nativa de la época del contacto con Europa en términos de población, diversidad lingüística y distribución geográfica. En el norte se encontraba la lengua paiute[12] del norte en Oregón e Idaho; mientras que en el sur las lenguas de la familia náhuatl se establecieron en México, Nicaragua y El Salvador. No obstante, la más famosa fue el náhuatl del Imperio azteca que más tarde recibiría el nombre de náhuatl clásico, designado así por los primeros frailes que llegaron de España. El Instituto Lingüístico de Verano estima que hace más o menos 5,000 años había sólo una lengua

---

[10] Instituto Lingüístico de Verano en México, "Lenguas y culturas del México moderno", del día 3 marzo 2010, <*http://www.sil.org/mexico/22e-troncos.htm*>.

[11] Un tronco es un grupo de lenguas que se relacionan genéticamente, pero debido a la lejanía del tiempo desde que se dispersaron, la evidencia es más difícil de correlacionar y la relación es menos obvia.

[12] Se puede ver estas estadísticas en Sin City Chamber of Commerce, "Indígenas", del día 3 marzo 2010, <*http://www.sincitychamberofcommerce.com/datos.htm*>.

proto-yutonahua, la lengua madre del tronco entero. Esto le daría, más o menos, la misma antigüedad que la familia indoeuropea.

El nombre de la lengua náhuatl proviene del verbo *nuhuati* que significa hablar alto. Náhuatl significa sonoro, audible, sonido y la terminación *atl* significa agua; por lo tanto la palabra náhuatl se podría traducir como el sonido del agua o los chasquidos del agua, simbolizando la claridad y pureza. En el siguiente subtema trataré de ser lo más concisa y explicar la trayectoria del náhuatl clásico después de la conquista hasta el siglo XX, no sin antes describir qué tipo de sistema lingüístico y fonológico tenía, junto con sus respectivas aportaciones de manuscritos, códices, textos, traducciones a la formación lingüística de las lenguas indígenas, inclusive a otras disciplinas.

1.2 Trayectoria del náhuatl clásico

Antes de la conquista española, el náhuatl que hablaban los aztecas o mexicanos que habitaban el altiplano central (Véase en el mapa 1 en la página 93) era un náhuatl culto. Éste se escribía con un sistema parcialmente ideográfico (sistema de escritura que representa palabras sin representar sonidos de la lengua, es decir, representa las ideas directamente) y parcialmente fonético combinado con pinturas abundantes en símbolos y colores que también eran portadores de sentido. Sin embargo, los frailes que llegaron a evangelizar dieron al náhuatl un sistema de escritura alfabético para poder así escribir historias, manuales y diccionarios, traducir catecismo, cuentos y partes de la Biblia. Un ejemplo de ello es el trabajo de fray Andrés de Olmos, religioso franciscano que después de su llegada a México en 1528, redactó varias obras que formaron un conjunto variado incluyendo una colección de discursos ceremoniales amerindios (el *huehuetlatolli* o "antigua palabra"), la primera gramática conocida de la lengua náhuatl y sermones destinados a la prédica evangelizadora.

Se requirió un conocimiento más pleno y profundo del náhuatl para lograr la implantación de un nuevo régimen socioeconómico y la religión cristiana entre los indígenas con el fin de someterlos a los designios del rey de España. Durante el siglo XVI se escribieron e imprimieron en la Nueva España varias doctrinas en náhuatl y castellano como la *Doctrina Christiana en Lengua Mexicana* de fray Pedro de Muro o de Gante publicada en 1553. Para ese entonces el náhuatl se utilizaba como lengua culta para la evangelización de la región central de México. Este reconocimiento provenía tanto de las autoridades civiles como de las religiosas y se vio reforzado cuando se empezaron a publicar artes, vocabulario, cartillas y doctrinas en náhuatl y en otras lenguas mesoamericanas. Las lenguas indígenas cobraron fuerza como instrumentos esenciales en la evangelización y en la vida cultural novohispana durante los siglos XVII y XVIII.

En los tres siglos del periodo novohispano en la Nueva España, a pesar de las tendencias diferentes que se dejaron sentir y presenciar en el estudio y supervivencia de las lenguas indígenas, éstas ostentan una forma básica de continuidad; ya que se siguieron elaborando nuevas artes o gramáticas del náhuatl, algunas de ellas con método renovador con el objetivo de hacer perdurar esta lengua. También se continuaron escribiendo doctrinas, confesionarios, sermonarios y otras obras de índole religiosa en lengua náhuatl, como las del llamado "teatro de evangelización".

A medida que avanzó el siglo XVII, iba decreciendo la compilación de las antiguas tradiciones, documentos de contenido legal, crónicas, relatos de contenido histórico y literario, así como testimonios por parte de los escritores indígenas, debido al supuesto esfuerzo de adaptación lingüística a las nuevas realidades socio-jurídicas que se iban consolidando. Sin embargo, gracias a la agilidad mental de los escribanos nativos en su tarea por llevar a cabo diferentes tipos de investigación que se basaron en fuentes tradicionales antiguas, se pudieron hacer adaptaciones y enriquecimientos en el campo del léxico del náhuatl. De igual manera, ayudaron a crear actitudes y desarrollos en la perduración y el cultivo del náhuatl en los siglos XVII, XVIII y por lo menos en las dos primeras décadas del XIX.

No obstante, esta situación entre la nahuatlización y el bilingüismo que prevaleció en los siglos XVI y XVII, cambió en la segunda mitad del siglo XVIII, durante el gobierno del rey Carlos III. En 1772, el virrey Bucareli dio a conocer a los habitantes de la Nueva España el contenido de la cédula expedida por el rey que pedía "desterrar de estos sus dominios los diferentes idiomas de que se usan sus naturales y que sólo se hable el castellano"[13]. Se había creado una iniciativa por parte de un grupo de nobles descendientes de indígenas en 1728 al entonces rey Felipe V, solicitándole que reabriera el Colegio de Tlatelolco[14] y se pusiera en marcha un programa de aprendizaje de español. Dicho programa estaría a cargo del arzobispo para asegurar la unidad espiritual de la nación, así como facilitar la participación de los naturales en todas las facetas de la vida del país. Cabe señalar que en el siglo XVIII surge el movimiento de la Ilustración en toda Europa y América, movimiento que hace referencia a la crítica racionalista y a la modernidad, y es a comienzos de este siglo que el español era la lengua hablada en los

---

[13] Ascención H. de León Portilla, *Tepuztlahcuilolle. Impresos en náhuatl II. El náhuatl, siglos XVII y XVIII*, México, UNAM, 1988, p. 115.

[14] En 1531 surgió la idea de crear un colegio que sirviera para instruir a los nativos de estas tierras, de parte de Sebastián Ramírez de Fuenleal, Presidente de la segunda Audiencia, fr. Juan de Zumárraga, primer obispo de México; fr. Jacobo de Testera, Comisario general de los religiosos de la OFM (Orden de Frailes Menores, mejor conocidos como los franciscanos), y el Virrey don Antonio de Mendoza, quienes intercedieron ante la corona de España apoyaron e impulsaron la fundación de este colegio con tres fines específicos: formar elementos seglares poseedores de una fe cristiana firme y arraigada, preparar agentes de catecismo para instruir a los que no tuviesen acceso a este colegio y proveer de ayudantes e intérpretes a los religiosos no peritos en las lenguas vernáculas. La idea y su realización fueron acogidas con entusiasmo por varios obispos de la Nueva España, pues veían en ella la gran posibilidad de proveer a sus propias diócesis de clero nativo instruido tanto en la religión como en las artes. El Colegio de Santa Cruz de Santiago Tlatelolco se inauguró oficialmente el 6 de enero de 1536 y la real cédula el 3 de septiembre de 1536. En el Colegio de la Santa Cruz de Tlatelolco se traducía la tradición cristiana a los términos de la cultura indígena y viceversa, de manera sistemática y prolongada con un programa y una biblioteca. Pablo Escalante Gonzalbo, "El Colegio de la Santa Cruz de Tlaltelolco", vol. XV. No. 89 (2008), <*http://www.arqueomex.com/S2N3nColegio89.html*>.

grandes núcleos de población novohispana. Entonces no es de extrañar que en ese tiempo el hablar español era sinónimo de urbanismo, progreso y modernidad, algo así como en la actualidad que, debido a la globalización, no solamente es importante aprender el inglés, sino también el chino. Más tarde, el español se impuso definitivamente en el país y las lenguas de México se usaron cada vez menos, hasta ser considerados en sentido peyorativo como dialectos.

A principios del siglo XIX el estudio de la filología y la lingüística nahuas crean una etapa de gran vitalidad cuya principal característica es quizá el estudio universitario. Investigadores europeos y norteamericanos se desviven por el conocimiento del pasado histórico de los indígenas que habitaron Mesoamérica. Los primeros en mostrarles a los europeos la riqueza cultural del México antiguo contenida en los códices y en los textos fueron Alejandro de Humboldt y Lord Kingsbourough[15]. La Independencia, junto con el surgimiento del nacionalismo, fue de gran importancia para el estudio de la cultura y lengua mexicanas. El nuevo país necesitaba un gran cambio de imagen que lo deslindara del pasado histórico y que le permitiera adquirir una identidad propia. Era necesario también forjar la heterogeneidad étnica y cultural para sustentar el presente y el futuro mismo de la nación. Esta razón histórica se buscó en las raíces indígenas de la sociedad mexicana, en sus vertientes, la prehispánica y la contemporánea, el pasado mesoamericano y el presente indígena. Fue así como el nacionalismo desembocó en el indigenismo, enriqueciéndose durante las Leyes de Reforma y el Porfiriato, y posteriormente con la Revolución[16].

Una de la funciones que desempeñó el nacionalismo en el México independiente, debo agregar, es la de equilibrar la corriente mexicanista ante las influencias extranjeras, porque el nuevo orden político necesitaba

---

[15] Ascensión H. de León Portilla, *Tepuztlahcuilolle. Impresos en náhuatl II, El náhuatl, siglos XVII y XVIII*, México, UNAM, 1988, p. 101.

[16] Ibid. p. 102.

un cambio total de estructuras, que dotaran al país de una nueva orientación económica, política y social. Por ejemplo, se tomaron como modelos los dos sistemas políticos con más auge del siglo XIX: los que surgieron de la Revolución francesa y de la Independencia de las Trece Colonias. Se estableció una paradoja: por una parte la aparente búsqueda de las propias raíces en el pasado lejano; y por otra, la aceptación de modelos extranjeros para dirigir al país. A raíz de lo anterior surgió una vez más el nacionalismo como elemento de equilibrio entre los valores esencialmente mexicanos y aquellos que provenían de culturas lejanas.

El Estado mexicano estaba muy entusiasta de promover desde las altas esferas este sentimiento nacionalista. Pero fue el mundo académico el que se encargó de buscar y crear cimientos firmes de estas bases histórico-filosóficas, si lo podemos decir de alguna manera. Historiadores, filólogos, lingüistas, arqueólogos, etnólogos se lanzaron a una intensa búsqueda de las raíces prehispánicas: se descubren zonas arqueológicas, se rescatan y publican documentos, se estudian las lenguas, particularmente la maya y la náhuatl, en pocas palabras, se reinterpreta la historia con un nuevo sentido mexicanista[17].

En este contexto correspondió a la filología y la lingüística nahuas el papel de ser los instrumentos de penetración en la antigua cultura y al mismo tiempo constituir el marco adecuado donde recrear el panorama del pasado. Se consagraron filólogos, lingüistas, antropólogos y hasta naturistas a la tarea de estudiar el ser del "mexicano", traducir los textos y manuscritos en su lengua, desenterrar la literatura, relacionar la arqueología con los códices y otras fuentes, estudiar el conocimiento de la naturaleza en el México antiguo. Debo precisar que todos los investigadores provenían de diversos campos profesionales y de diversas posturas ideológicas. Sin embargo, todos ellos se sintieron atraídos por una sola cosa: el formar una nueva conciencia en el país a través de un renacimiento mexicanista.

---

[17]   Ibid. pp. 103-106.

Los empeños culturales de las primeras investigaciones en torno a la lengua náhuatl a medida que avanzaba el siglo XIX se enfocaron en dos tareas importantes: la fundación de la Sociedad Mexicana de Geografía y Estadística[18] y la publicación del Diccionario Universal de Historia y Geografía[19]. Más adelante, a mediados del siglo XIX el impulso cultural se vio enriquecido con la labor de cuatro investigadores que supieron ahondar en el conocimiento del México prehispánico, ellos fueron: José Fernando Ramírez, Manuel Orozco y Berra, Joaquín García Icazbalceta y Francisco Pimentel. Dedicaron gran parte de su vida a las tareas académicas, y lo más sorprendente es que sin ser nahuatlatos prepararon sus obras con base en la documentación indígena, tanto de origen prehispánico como del siglo XVI, interesándose cada vez más por "la lengua mexicana", llamada así por los estudiosos del siglo XIX. Aprovecharon los nuevos métodos de la filología y estuvieron en contacto con investigadores europeos y estadounidenses: Humdoldt, Buschmann, Rémi Simeón, Prescott. Los cuatro dieron un enorme impulso al renacimiento mexicanista en un contexto universitario[20].

Una obra de suma importancia en el contexto lingüístico del siglo XIX fue la *Geografía de las lenguas*. El autor, José Fernando Ramírez maestro de Manuel Orozco, sin ser propiamente lingüista supo adentrarse en dos temas importantes y ser pionero de ambos: el de la clasificación de las lenguas mesoamericanas y el de la geografía lingüística. Fue también el

---

[18]   La Sociedad Mexicana de Geografía y Estadística se fundó en 1833 con la ayuda de un grupo de estudiosos coordinados por el conde de la Cortina. El propósito de esta sociedad era el de conocer diferentes aspectos de la naturaleza, la historia y el presente mexicanos, a través de comisiones y al mismo tiempo, mantener relaciones y contactos con destacados profesores y estudiosos de fuera del país.

[19]   Este diccionario se publicó entre 1853 y 1856, tenía carácter enciclopédico y en él colaboraron Lucas Alamán, José María de Andrade, Manuel Orozco, entre otros. Fue el *Diccionario* la primera obra en su género publicada en México.

[20]   Ascensión H. de León Portilla, *Tepuztlahcuilolli: impresos en náhuatl*, México, UNAM, 1988, p. 115.

primero que estableció una división entre lenguas y dialectos indígenas, al clasificar las familias lingüísticas de México. En suma su mayor aportación fue la delimitación geográfica de las lenguas. Manuel Orozco y Berra, por su parte, fue historiador, geógrafo y lingüista y consagró su vida a la historia de México y especialmente al estudio de la lengua náhuatl. Él escribió *El cuauhxicalli de Tizoc* y *Doctrina en jeroglíficos*, entre otros[21].

Para las últimas décadas de este siglo, el interés por conocer la lengua de manera más profunda propició la aparición de una serie de trabajos y obras sobre temas muy concretos acerca del mexicano. Gracias a estos trabajos a fines del siglo XIX el interés de seguir estudiando el náhuatl siguió vigente para los aficionados del conocimiento del pasado histórico, como para los eruditos de diversas profesiones. Como primer ejemplo de estos trabajos citaré uno de los estudios más destacados: el de José Guadalupe Romero y Francisco Pimentel, ambos autores de *Sobre el origen de la palabra México* publicado en 1860.

A raíz de éste y de los muchos trabajos que se realizaron sobre la lingüística comparada por parte de Gumesindo Mendoza y Vicente Reyes, se realizaron estudios sobre la toponimia náhuatl, los cuales despertaron un singular interés por dar a conocer y explicar los topónimos nahuas, tan comunes en casi todos los estados de la República. Los que contribuyeron a este despertar fueron los eruditos Juan Carlos Buschmann con *De los nombres de lugares aztecas*, obra que se tradujo del alemán y Antonio Peñafiel con *Nombres geográficos de México*[22].

Ya para las últimas décadas del siglo XIX se llevaron a cabo numerosas publicaciones de carácter histórico como el *Diccionario geográfico, histórico y biográfico de los Estados Unidos Mexicanos* redactado por Antonio García Cubas, y como complemento empezaron a salir textos de carácter filológico y lingüístico sobre la cultura nahua, desde 1885. El primero de ellos fue los *Anales de Cuauhtitlán*[23] con dos traducciones del náhuatl al español, una de

---

[21] Ibid. pp. 116-118.
[22] Ibid. pp. 119-122.
[23] Ibid. p. 127.

Chimalpopoca Galicia y la otra de Gumesindo Mendoza y Felipe Sánchez Solís. En relación con la lengua náhuatl se presentaron varias ponencias de interés como la de Cesare Poma, director del Museo de Nápoles, quien habló de los periódicos en lenguas indígenas de América; la de Antonio Peñafiel con una división y clasificación de las lenguas y dialectos que usaron los antiguos habitantes del actual territorio mexicano, entre otros.

Como hemos visto, nunca decayó la fuerte corriente de atracción por la historia y las lenguas del México antiguo a lo largo de este siglo, gracias a los nuevos estudiosos, instituciones culturales, grandes conmemoraciones que siempre mantenían vivo el interés por reinterpretar la historia y valorar la lengua de los antiguos mexicanos. Con todo esto hubo un segundo momento de esplendor dentro del renacimiento mexicanista, figuras destacadas como Alfredo Chavero, Francisco del Paso y Troncoso, Antonio Peñafiel, entre otros, hicieron posible la publicación de nuevas obras como el breve artículo intitulado "Estudio Etimológico" de Chavero en 1886, pero tam4bién de nuevas contribuciones a la sociedad como es la inauguración de la clase de náhuatl en la Escuela Nacional Preparatoria en ese mismo año por Francisco del Paso y Troncoso[24].

En el siglo XX los espectaculares descubrimientos arqueológicos, la revalorización estética de la escultura mesoamericana, en especial la mexica y la maya, los nuevos hallazgos de documentos, las aportaciones en el campo de la antropología y la sociología y por supuesto la Revolución Mexicana continuaron siendo un estímulo por aquellos que se sentían atraídos por la presencia del mundo indígena en la realidad actual.

La filología y la lingüística en 1920 entraron con gran dinamismo en México por dos factores: el nuevo clima cultural que se originó con la Revolución de 1910, y el impulso que en la lingüística causó el interés antropológico. Con la Revolución Mexicana surgió el tema de la imagen del país, su identidad y su razón histórica; y, como en la Independencia,

---

[24] Ascensión H. de León Portilla, *Tepuztlahcuilolli: impresos en náhuatl*, México, UNAM, 1988, pp. 130-131.

los revolucionarios se enfocaron en el pasado, en sus raíces indígenas. Por segunda vez el México moderno vivía un momento cumbre en la formación de la mexicanidad. Como en la Independencia, los gobiernos revolucionarios se mostraron entusiastas del movimiento indigenista. Pero de nuevo fue el mundo académico (historiadores, antropólogos, filólogos, lingüistas, literatos, pintores, entre otros) que se ocupó de buscar, crear bases de sustentación para esta nueva corriente mexicanista indigenista, rescatar documentos del pasado, estudiar los valores tradicionales presentes en las comunidades indígenas y reinterpretar la historia junto con la realidad de este nuevo marco "mexicanista indigenista". Una vez más el estudio de la lengua náhuatl volvió a ser instrumento fundamental con el fin de conservar los documentos en los que se alberga información de capital importancia sobre el pasado y el presente de los que ahora conforman los pueblos hablantes de esta lengua. Debo destacar que uno de los que hicieron varias y ricas aportaciones lingüísticas del náhuatl fue Nicolás León con su obra *Familias lingüísticas de México* que contiene un ensayo de clasificación seguido de una noticia en la lengua zapaluta y un confesionario en la misma, publicado en 1900. Aunque parezca sorprendente, por el hecho que muchos de los investigadores son extranjeros o nacidos en otros estados de la Republica Mexicana, tenemos dos ilustres morelenses: Mariano Jacobo Rojas y Manuel Mazari. El primero era de Tepoztlán, maestro de primaria, fundador de escuelas lancasterianas, y emprendedor de la publicación de varios periódicos en náhuatl en aquella ciudad, de manera que la colonia tepozteca se mantuviera informada. Fundó una academia de la lengua náhuatl llamada "*Cihtli*" y siempre estuvo preocupado por promover el estudio y la conservación del náhuatl. Entre sus muchos trabajos se destacan: *Manual de la lengua náhuatl. Método práctico para leer y escribir la lengua mexicana*, publicada en 1927; *Estudios gramaticales del idioma mexicano, publicado* en 1935, la tragedia *Maquiztli* (breve pieza de teatro en náhuatl), entre otros. El segundo vivió en Cuernavaca y fue historiador, interesado en la lingüística. Publicó una descripción de códices y mapas referentes al estado de Morelos, entre ellos el pueblo de Yautepec. Explica y traduce las glosas en náhuatl que aparecen en los manuscritos del siglo XVI. Entre sus trabajos se destacan *Peregrinación de los tlahuicas* y *Bosquejo histórico del Estado de Morelos* publicados en 1927 y 1966 respectivamente[25].

Más adelante, aparecieron revistas especializadas como: "El México Antiguo" (1919), "Investigaciones Lingüísticas" (1933), entre otras. Ésta última publicada por el Instituto Mexicano de Investigaciones lingüísticas, donde colaboraban grandes figuras como don José Ignacio, Dávila Garibi, Marcos E. Becerra, entre otros. También se publicaron obras sobre poesía indígena de Ángel María Garibay, se elaboraron análisis de vocablos nahuas por León-Portilla y gramáticas nahuas como la de Garibay subtitulada *Colección de trozos clásicos, con gramática y vocabulario, para utilidad de los principiantes*, publicada en 1940, hasta nuestros días[26].

Ahora bien, con respecto a la trayectoria del náhuatl en Morelos primero describiré una brevísima trayectoria del náhuatl clásico antes y después de la conquista. Los antiguos pobladores de Morelos lo llamaron *Tamoanchan*, éste formaba parte del área mesoamericana y que había sido habitada desde el año 1500 A.C. La primera cultura refleja la influencia de los Olmecas (primera cultura mesoamericana); la segunda cultura que reinó es resultado de la intervención de varias culturas como la Teotihuacana, Maya y Mixteco-Zapoteca.

A la caída del imperio tolteca varios grupos provenientes del norte emigraron hacia el sur, dos de los cuales se establecieron en territorio morelense: los Xochimilcas[27] y los Tlahuicas[28], quienes fundaron las ciudades

---

[25]   Ibid. pp. 167-168.

[26]   Ibid. p. 183.

[27]   Los Xochimilcas, la primera de las siete tribus nahuatlacas que llegó al Valle de México, se asentaron hacia el año 900 en Cuahilama, en los alrededores de Santa Cruz Acalpixca. Fundaron su ciudad en el año 919, poco a poco se extendieron y ocuparon otros terrenos, como Mixquic, Tláhuac, Culhuacán, e incluso algunas áreas del actual Estado de Morelos. Xochimilco, del día 11 marzo 2010, <*http://www.xochimilco.df.gob.mx/historia/index.html*>.

[28]   Los Tlahuicas fueron uno de los pueblos conquistado por los aztecas que vivieron en el altiplano central de México en el período inmediatamente

de Cuauhnahuac[29] (Cuernavaca) y Uaxtepec (Oaxtepec) respectivamente. Los Tlahuicas se establecieron en el oeste, mientras que los Xochimilcas al este. Estos últimos hablaban el náhuatl de la familia uto-azteca, su lengua se extendió en la región y recobró fuerza con la expansión del imperio azteca que obligaba a los pueblos tributarios a tener al menos un traductor de náhuatl entre ellos. Después de los movimientos tales como la Independencia y la Revolución Mexicana, Morelos fue uno de los estados que contribuyó a la reinterpretación histórica, con algunos de los manuscritos en náhuatl sobre los acontecimientos de la Revolución que explicaré con más detalles en el Capítulo II.

Después de este breve antecedente proseguiré con el náhuatl que se estableció en Morelos a partir del siglo XX, que ya estaba dialectalizado. Esta lengua se ha hablado en varias de las comunidades de Morelos, ya que todo este estado había sido territorio nahua. Como en otras variantes del náhuatl, los hablantes llaman comúnmente a su lengua "mexicano". Los principales lugares en que se habla son Cuentepec, Hueyapan, Santa Catarina y Xoxocotla. Aunque Tetelcingo también está ubicado en el estado de Morelos el habla de sus habitantes es una variante del náhuatl con mayor influencia xochimilca (Ver mapa 2 en la página 94). El náhuatl de Morelos se ve favorecido por los trabajos realizados por los dos ilustres morelenses, anteriormente mencionados, ya que uno de ellos Manuel Mazari se interesó por dar a conocer la estructura lingüística de diversos términos nahuas y la historia de la entidad de Morelos.

Durante esta investigación de la trayectoria del náhuatl me topé con los siguientes términos: náhuatl, mexica, mexicano y nahua y creo que es de suma importancia el saber cuál o cuáles son los correctos y en qué situación los podemos utilizar. El siguiente subtema será breve pero conciso en torno a cuál es el término adecuado para referirnos al náhuatl.

---

anterior a la conquista Española. La cultura tlahuica de Morelos, del día 11 marzo 2010, <*http://infomorelos.com/arqueolo/tlahuica.htm*>.

[29] La antigua *Cuauhnahuac* viene del náhuatl y significa "en la orilla del bosque", del día 11 marzo 2010, <*http://cuernavacaplus.tripod.com/cuernavaca.htm*>.

1.3 ¿Nahua, azteca, mexica o mexicano?

También ha sido llamada nahua, nahoa, nahualli, mexihca (mexicano) y macehualli (campesino). La familia náhuatl o nahua viene del tronco lingüístico yuto-nahua ([yuta-nawa]), que es la familia de lenguas indígenas con más hablantes en el México de hoy. El tronco yuto-nahua ha sido considerado tradicionalmente uto-azteca pero este apelativo no es correcto por las siguientes razones: la palabra uto viene de yu:t(a), nombre de la nación Ute y azteca es un nombre equivocado para la lengua nahua y la vocal /o/ nunca se usa en ninguna otra familia de América. El nombre "náhuatl" proviene de una raíz nahua ([nawa]) que significa: "sonido claro" u "orden". La familia náhuatl es conocida mundialmente por los aztecas o mexicas, quienes vivieron en *Tenochtitlan* y construyeron la civilización dominante en Mesoamérica hasta la conquista española. Hablaban una variante del náhuatl (el náhuatl clásico), y por lo tanto, a la familia y aun a las otras variantes individuales a menudo se les llama "azteca" o "mexicano". Es por eso que el actual país de México recibió su nombre de la ciudad capital de los aztecas, México ([mēxihko]).

Los pobladores de las comunidades nahuas no utilizan la palabra náhuatl para nombrar su lengua. Ellos usualmente contestan que hablan mexicano o *muociehualle* que es una variante del náhuatl con algunas particularidades en su estructura gramatical, en el que puede observarse la sustitución de vocales y consonantes en su pronunciación. Por ejemplo: en la palabra "vámonos" que en el náhuatl de Tetelcingo o *muociehualle*[30] es

---

[30] (…) *"El vocablo muociehualle se acerca al macehualle que menciona León Portilla (1972) en el mito de la creación del hombre, que significa los merecidos por la penitencia. Cabe precisar que la asignación muociehualle o macehualle como lengua, en contraparte del náhuatl considerado como la lengua culta, significa en la traducción al español "una lengua grosera, inculta, la lengua del pueblo" como lo encontramos en el Diccionario de Rémi Simeón (1977)"* (…). Pero también es probable que la palabra muociehualle como lengua se derive de muoitl que significa mano, lo que sería el indicativo del trabajo manual, el trabajo de

tiave, en el náhuatl de otros pueblos de Morelos es *tiaue*. Náhuatl, mexica, mexicano o *muociehaulle* son sinónimos. Sin embargo, el náhuatl antes de la conquista española era otorgado a los grandes señoríos, desarrollándose principalmente en Texcoco que era el centro de la ciencia y de las artes, donde se cultivaba la poesía y la literatura.

Como conclusión podemos decir que los términos "nahua", "azteca", "mexica" y "mexicano" son confusos o nos podríamos confundir fácilmente. Tenemos que estudiar sus etimologías que a continuación explicaré con más detalle:

- El término "nahua" se refiere a todos los indígenas que hablan náhuatl. La palabra nahua, naoa y náhuatl significaban lo mismo, pero escritas de acuerdo con la capacidad de cada persona. En general las personas de la cultura náhuatl eran todas aquellas que de origen hablaban esa lengua: tlaxcaltecas, tecpanecas, acolhuas, aztecas, xochimilcas, chalcas y Tlahuicas, que eran las siete tribus nahuatlacas. Estas fueron las tribus que colonizaron Anáhuac (valle de México), todos son nahuas, naoas, o nahua (al plural se le suprime la terminación tl).

- El término azteca viene de Aztlán (*Atlan*). La entrada de los pueblos mexica al valle, procedentes del norte, se establecieron en Chapultepec, tiempo después fueron expulsados de este lugar por los tepaneca, culhuaque y otomíes de Xaltocan. Durante la cautividad de los mexica bajo Culhuacan lucharon contra los xochimilca y los culhuaque, anduvieron peregrinando hasta la fundación de la ciudad de *Tenochtitlan*. La palabra *Atlan* significa "en donde hay

---

campo en sí, por otro lado contiene tlahtohualle que significa que se habla; es decir, la manera de hablar de los trabajadores. Dirección de Educación Elemental (IEBEM), del día 11 marzo 2010, <*http://www.iebem.edu.mx/index. php?action=view&art_id=199*>. Por mi parte utilizaré el término náhuatl en lugar de *muociehualle* para efectos prácticos.

mucha agua" por *atl*=agua y *tlan*= locativo que señala abundancia; la "Z" se introdujo por eufonía.

- Los nahuas que vivían en el valle de México se autodenominaban "mexicas". El término "mexica" se refiere a los descendientes de los aztecas que nacieron una vez fundada la ciudad de *Mexico-Tenochtitlan*, aunque también se les conocía como *tenochca*, pues la ciudad se llamaba *Mexico-Tenochtitlan* (ambas graves). Ya si hablamos de la etimología de la palabra "México" tenemos que en náhuatl significa "ombligo de la luna" y que viene de *Mexitli* que está compuesta de *metztli* (luna), *xictli* (ombligo) y *co* (lugar).
- Con respecto al término "mexicano" se refiere a los habitantes del territorio mexica[31].

Ahora que ya sabemos distinguir las terminologías, podemos decir que el término náhuatl es el más correcto si nos referimos a la lengua de los pobladores nahuas, que se esparcieron en gran parte del territorio mexicano. Muchos nos preguntamos qué pasó con el náhuatl clásico después de la conquista y es cuando surge la pregunta: ¿Qué ventaja tuvo el náhuatl para sobrevivir en comparación con las otras lenguas étnicas? Lo veremos a continuación.

1.4 ¿Cómo sobrevivió el náhuatl a la llegada del castellano en comparación con otras lenguas indígenas en el Estado de Morelos?

La introducción del alfabeto latino por los frailes españoles representó un importante papel, en gran parte, de la conservación de la cultura azteca. La antropóloga Bárbara Cifuentes plantea la introducción del alfabeto latino

---

[31] Etimología de México, del día 6 marzo 2010, <*http://etimologias.dechile. net/?Mexico*>.

no sólo como la sustitución de un modo de registro por otro sino como un "proceso de incorporación de las lenguas indígenas a la tradición europea de la cultura"[32]. La obra de fray Bernardino de Sahagún (1530-1590) tuvo una gran importancia de preservación, porque contiene una investigación enciclopédica sobre la civilización azteca y muchos ejemplos de escritos históricos, religiosos y poéticos en náhuatl. "En esa época la evangelización representó un papel muy importante, porque llevó consigo la gramatización de las lenguas vernáculas y un quehacer filológico plasmado principalmente en la elaboración de textos religiosos y etnológicos"[33]. En este proceso se perdieron muchos de los elementos cambiantes de la oralidad al momento de plasmarla en un texto escrito con una lectura única.

El español y el náhuatl estuvieron en contacto por cinco siglos y ambas lenguas han evolucionado en estrecha e ininterrumpida interacción desde el siglo XVI. Posteriormente, a lo largo de todo el siglo XIX y la mayor parte del siglo XX la política dominante en lo que se refiere a la lengua nacional era la de castellanizar a los hablantes de lenguas indígenas. Simplemente porque era la continuación de la tendencia impuesta por las leyes coloniales en el siglo XVII. En este proceso de castellanización hubo varios préstamos (verbos, sustantivos, etc.) por ambas lenguas que resultaron en una mezcla idiomática. Por ejemplo: metate, del náhuatl *metatl,* que designa una piedra plana trípode sobre la que se muele el *nixtamal,* los chiles y cualquier cosa susceptible de convertirse en pasta; molcajete, del náhuatl *molcaxitl,* que literalmente significa recipiente para guisos, designa una herramienta de cocina, también de piedra, de forma cóncava y trípode que se emplea para moler alimentos y convertirlos en salsas, entre otros.

La adopción de un sistema nacional monolingüe que por razones de prestigio y pragmatismo defendió la castellanización de las comunidades indígenas en todo el país, es lo que ha ido propiciando que el gran número

---

[32] Bárbara Cifuentes, "Letras sobre voces. Multilingüismo a través de la historia", 1998, p. 308, <*www.ejournal.unam.mx/ecn/ecnahuatl30/ECN03017.pdf*>.

[33] Ibid. p. 307.

de personas de estas comunidades partiera a las áreas rurales alejadas, privándolas de los espacios de producción cultural de alcance nacional.

Había (y sigue habiendo) una abundante toponimia de origen indígena que se encuentra en los nombres de objetos, lugares, pueblos, municipios, etc., y que pasó a formar parte del habla cotidiana de los mexicanos que hablan español y otras voces de origen indígena cuya extensión es de índole regional y que constituyen algunas de las diferencias entre las variedades locales del español mexicano.

En la actualidad sería difícil imaginar la preservación de una lengua pura, puesto que vemos que el propio español ha presentado cambios a través de los siglos. El náhuatl en comparación con otras lenguas sobrevivió porque tuvo la ventaja de ser la lengua del imperio mexica (la cual se reconoce como distintiva de la nación mexicana), además de ser la lengua indígena con mayor número de hablantes en el país.

Con la gran y única ventaja que tuvieron de ser la lengua con más hablantes del estado de Morelos pudieron hacerle frente al gran desafío de no ser relegados por el español de Castilla. Sería bueno saber cuántas comunidades indígenas de habla náhuatl hay, en dónde se ubican y qué porcentaje de hablantes tienen. Esto lo expondré en el siguiente capítulo.

CAPÍTULO II

La presencia del náhuatl en el estado de Morelos en el campo de la traducción

(Imagen de la palabra representada por una voluta que sale de la boca: escritura ideográfica [Mendoza] <www.vidapixel.com/nahuatl-y-su-uso-moderno/>)

2.1 Comunidades indígenas de habla náhuatl

LOS PUEBLOS INDÍGENAS de Morelos se encuentran dispersos en 16 municipios aproximadamente, y hay alrededor de 35 comunidades nahuas que se concentran principalmente en Hueyapan (municipio de Tetela del Volcán); Tetelcingo (municipio de Cuautla); Santa Catarina (municipio de Tepoztlán); Cuentepec (municipio de Temixco) y Xoxocotla (municipio de Puente de Ixtla). El náhuatl es la lengua predominante en el estado, representando un 36% del total de los hablantes de lengua indígena en Morelos.

En el año 2005 se llevó a cabo en México el II Conteo de Población y Vivienda. A toda la población se le preguntó específicamente si hablaba una lengua indígena y cuál era el nombre de dicha lengua. Con esta información se confirmó que en el país 1 376 026 personas hablaban náhuatl: 672 745 hombres y 703 281 mujeres. Morelos solamente representa ahora el 2% aproximadamente del total de personas que hablan náhuatl en el país. A continuación mostraré una tabla donde se muestra el número de habitantes que hablan náhuatl en comparación con otras lenguas indígenas de igual importancia en nuestra entidad.

Las lenguas indígenas más habladas en el estado de Morelos son[34]:

Lengua indígena	Número de hablantes (año 2005)
Náhuatl	16 128
Lenguas Mixtecas	3 576
Tlapaneco	1 361
Lenguas zapotecas	494

---

[34] Tabla: Perfil sociodemográfico de la población indígena que habla lengua indígena (2005).

Este fue un pequeño preámbulo para especificar cuáles y cuántas son las lenguas indígenas que se siguen hablando en el estado de Morelos. Ahora mostraré en gráficas la disminución de hablantes del náhuatl a partir del 2000 hasta el 2005, de acuerdo con los censos realizados por el CDI[35].

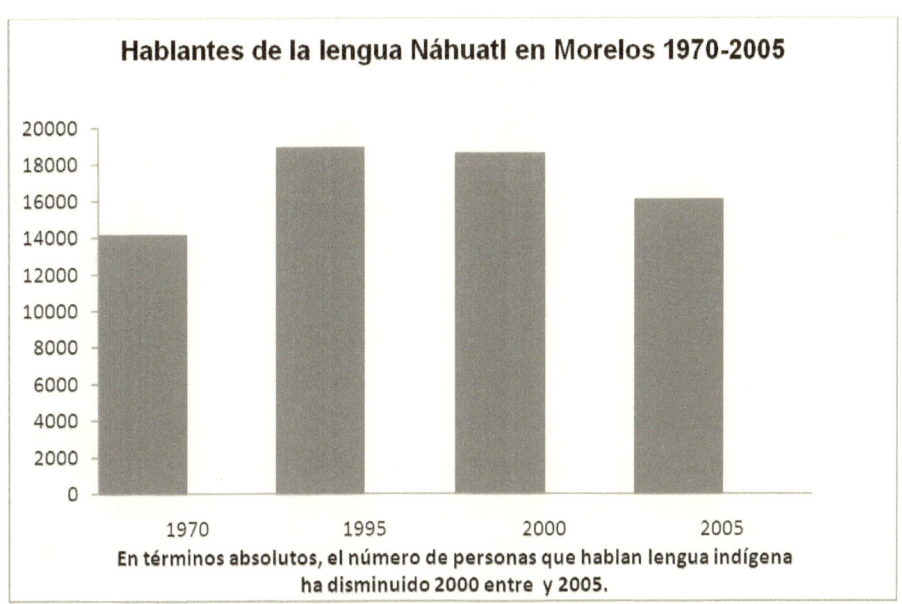

Hablantes de la lengua Náhuatl en Morelos 1970-2005

En términos absolutos, el número de personas que hablan lengua indígena ha disminuido 2000 entre y 2005.

El declive del náhuatl es muy notorio debido a la falta de propaganda, programas, consciencia de parte de los ciudadanos morelenses o en su defecto por falta de precisión en los conteos del INEGI. Pero para recuperar nuestras raíces, tenemos que remontarnos al pasado por darnos una idea de las aportaciones históricas que se hicieron a partir de la conquista, recalcando que gracias a las traducciones que se realizaron del náhuatl al español se pudo desenterrar muchos de los misterios de nuestro pasado.

---

[35] Comisión Nacional para el Desarrollo de los pueblos indígenas (CDI), del día 11 marzo 2010, < *www.cdi.gob.mx*>. Los datos de 1970 y 1995 se sustrajeron del INEGI.

Ahora proseguiré con las traducciones que se han hecho a lo largo de la filología náhuatl.

2.2 Riqueza histórica de las traducciones

Los textos y manuscritos antiguos que tradujeron los frailes son testimonios genuinos de lo que fue nuestra cultura prehispánica. El primer problema al que se enfrentaron a la hora de interpretar fueron los libros, porque contenían pinturas y glifos que eran cantados o recitados, como el texto náhuatl llamado la *Leyenda de los soles* que habla sobre grandes aconteceres cosmogónicos. Ésta al momento de traducirla se vertió a la escritura alfabética en náhuatl. Esta escritura ideográfica y parcialmente fonética combinaba símbolos y colores brillantes que eran portadores de sentido (Véase la escritura náhuatl en la página 96). Los *tlahcuiloque,* que eran los escribanos y pintores, eran los que emplearon esta técnica. Los textos nahuas eran usualmente llamados *huehuehtlahiolli,* manifestaban la "antigua palabra" y es gracias a estos textos que la espiritualidad mesoamericana sigue viva[36].

Pero el descubrimiento de la oralidad como tema de investigación es reciente y comenzó en la década de los sesenta con Jack Goody, Walter Ong y Eric A. Havelock que realizaron contribuciones importantes en este campo. Por ejemplo, el antropólogo Goody cuestionó el resultado de lo que se obtenía por medio de la práctica de recopilar información oral de personas contemporáneas para quienes les era difícil escribir, o la idea de escribir les resultaba extraña; Ong investigó sobre los conceptos de oralidad y alfabetismo y sus complejas implicaciones; y Havelock, estudioso en el campo de la literatura clásica griega, examinó lo que sucede cuando la recitación o entonación oral de poemas, dentro de la misma cultura, se

---

[36]   Miguel León-Portilla, *Quince Poetas del mundo náhuatl*, México, Diana, 1993, p. 15.

transforma en textos escritos. A la conclusión que llegó Goody fue que la cultura dominante o diferente (la española) es la que procura registrar los testimonios orales de un grupo aborigen (los aztecas) y que el resultado pudiera ser una respuesta comprometida en el sentido que la persona que responde pretende agradar a quien lo interroga, proporcionando, en improvisación oral, la clase de información que piensa y que es la que el investigador espera y desea. Mientras que Havelock detectó una cierta cantidad de riesgos incluso cuando el trasvase de lo oral (cantares, poemas y narraciones) a los textos escritos tiene lugar dentro de la misma cultura, porque podría dar lugar a pérdidas de sentido o a una falta de espontaneidad.

Al sufrir esta transformación se contaminaron algunos poemas debido a las modificaciones y diferentes versiones de las variantes del náhuatl, ya que la oralidad ha sido siempre una acción viviente. Esta contaminación sucede tanto dentro del mismo contexto cultural como en situaciones de contacto entre culturas diferentes. Según Miguel León-Portilla el traslado de lo oral a la escritura priva a esta primera de espontaneidad, así como de la posibilidad de un acompañamiento musical[37].

La expresión escrita utiliza simplemente un lenguaje diferente. Sin embargo, el hecho de que el mismo cantar o fragmento aparezca en más de una transcripción alfabética hecha en tiempos y lugares diferentes, es señal que hay una cierta confiabilidad de los textos sometidos a esta especie de análisis crítico. Tenemos como ejemplo el canto descrito como un *mexicayotl* que está dentro del repertorio de *Cantares mexicanos*[38] y que para ser comprendido tuvo que pasar por esta transformación. El *Mexicayotl* era el arte de ser mexicano, por eso lo tenían que entonar al modo mexicano, y estas enseñanzas se valoraban por encima de todo, es decir, por encima de las riquezas terrenales e inclusive de los tlatoque.

---

[37] Ibid. p. 17.

[38] Es una recopilación de composiciones de diferentes géneros, realizada por uno o varios nativos que trabajaron para un fraile durante el último tercio del siglo XVI.

Ya que el sistema mesoamericano de registro pictoglífico, que tiene milenios de antigüedad, difiere obviamente del de los libros europeos escritos alfabéticamente, podemos inferir que cuando los frailes introdujeron el alfabeto en Mesoamérica, se alteró en éste y en muchos otros aspectos la situación cultural, debido a que al trasladar la antigua forma de expresión a la escritura alfabética no fue solamente el convertir lo oral en texto escrito, sino todo lo que implica las expresiones de la palabra y la enunciación de las secuencias pictoglíficas que estaban incrustadas en los libros o códices que incluían pinturas.

Ahora veremos algunas fuentes de conservación antes de la conquista, las cuales se dividen en dos, las que han salido a la luz y se han traducido y otras que aún son inéditas. He aquí los más importantes manuscritos del primer grupo:

- *Manuscrito en náhuatl,* conservado en la Biblioteca Nacional de París, es un complejo que abarca documentos históricos y literarios, de diversas manos y de diverso contenido. El manuscrito nahua más antiguo data de 1524, se conoce generalmente con el nombre de *Unos Annales Históricos de la Nación Mexicana.*

- *Cantares mexicanos,* se encuentra en la Biblioteca Nacional de México, y forma una recopilación de material literario de todos los rumbos de la lengua. La parte principal fue copiada entre 1560 y 1570.

- *Informantes de Sahagún* son manuscritos en lengua náhuatl reunidos entre 1548 y 1585 que contienen una rica recolección de materiales históricos, etnográficos y literarios. Es una de las muestras más seguras, abundantes y precisas de la producción literaria de los nahuas.

- *Veinte Himnos* son rituales que decían a los dioses en los templos y fuera de ellos, recogidos en Tepepulco hacia 1550, que aunque están incompletos y fragmentados, son de la mejor cepa de producción auténticamente conservada. En *Veinte himnos de los dioses* se pueden encontrar también antiguos discursos, proverbios y refranes, doctrinas religiosas, mitos y leyendas, lo correspondiente al calendario, las fiestas a lo largo del mismo, las costumbres de los señores, textos donde se describen las profesiones de los estudiosos de las plantas y animales.

- *Libro Sexto* que recoge discursos, instrucciones, noticias históricas de relatos tradicionalmente conservados, poemas insertos en estos relatos, leyendas, proverbios y adivinanzas. Se recopiló en la forma de colección por el año 1547[39].

- El *Poema de* Quetzalcoatl que forma el Libro Tercero en su parte principal con suficiente material auténtico.

- *Monografías* acerca de los gremios de comerciantes en grande, artífices de metales, piedras preciosas y pluma. Cada una está redactada por personas pertenecientes al gremio correspondiente.

- *Informes etnográficos* que además de reproducir tradiciones, insertan a veces poemas de carácter épico.

- *Historia de la Conquista* de la ciudad de *Tenochtitlan* que se escribió directamente por los naturales, y una de las mejores muestras de su manera literaria, es decir que en estos textos se puede examinar la forma de redacción v.gr. en la descripción de plantas y animales. No hay un registro que indique dónde está preservada esta fuente.

- *Restos de la colección de Olmos* que está constituido por los manuscritos que conservan las *Pláticas de los Ancianos,* en su redacción primitiva. Se conocen tres principales: Uno en la Biblioteca del Congreso de Washington, recogido antes de 1547. Otro en la misma Biblioteca pero posterior al que ya estaba. Y uno más en la Biblioteca Nacional de México, redactado por el medio siglo XVI.

- *Códice de Cuauhtinchan,* conocido con el nombre de *Historia Tolteca-Chichimeca,* trata de relatos y sagas. Hay en ese códice pequeños poemas sagrados de los de mayor antigüedad.

- Los *Anales de Cuauhtitlan* recogen poemas, leyendas, relatos orales, mitos de los más auténticos que se terminaron de redactar en 1570.

---

[39] Ángel María Garibay Kintana, *Panorama literario de los pueblos nahuas,* México, Porrúa Colección Sepan Cuántos, 1963, pp. 20-21.

Esta traducción fue quizá la obra cumbre de Chimalpopoca, ya que se trataba de un documento en náhuatl, básico para comprender la historia prehispánica. La publicación de esta traducción salió a la luz en 1885 en el volumen III de los *Anales del Museo Nacional* con dos versiones del náhuatl al español, una de Chimalpopoca, y la otra de Gumesindo Mendoza y Felipe Sánchez Solís.

- *Crónica Mexicáyotl* que se redactó a finales del siglo XVI, principalmente por Tezozómoc, constituyendo poemas épicos y sagas adaptados al relato histórico

- *Romances de los Señores de la Nueva España* que es una colección reunida por Juan Bautista de Pomer en la región de Tezcoco y sumamente importante para la plena indagación sobre la poesía.

- *Anales de Tlaltelolco o Anales históricos de la nación mexicana* que es un manuscrito que contiene las genealogías de los gobernantes de varios centros prehispánicos, como: Tlaltelolco, *Mexico-Tenochtitlan* y Azcapotzalco, así como la más antigua versión indígena de la conquista española. Lo más curioso de este manuscrito es que a lo largo de sus varias secciones perdura todavía el registro de algunos signos jeroglíficos y se da también lugar a la transcripción de varios cantos y otras composiciones poéticas.

- *Leyenda de los dioses* que es la obra que ha atraído un mayor interés entre los investigadores por su antigua tradición oral sistemática preservada lo que con representaciones pictográficas y jeroglíficas se contenían en los códices. Éste es uno de los textos de náhuatl más ricos para el estudio de lo que hoy puede describirse como la mitología, la visión del mundo y el pensamiento religioso prehispánico[40].

Estos libros, entre otros, fueron los que dieron pie a una nueva etapa, la del náhuatl escrito con el alfabeto, etapa rica en publicaciones hasta el día de hoy. Son ellos la apertura en un campo de estudio lleno de posibilidades,

---

[40] Ibid. pp. 21-23.

puesto que las doctrinas, artes, vocabularios, sermonarios, confesionarios, cartillas, y los *huehuetlatolli* forman un mundo rico e interesante para el lingüista, filólogo y el antropólogo.

A partir del siglo XVI, los expertos en la materia se enfocaron a publicar artes y vocabularios para facilitar la escritura de la nueva lengua. El alfabeto latino fue el vehículo adoptado para dar forma a su grafía. Hay que recordar que cuando se publicaron los vocabularios y artes latinos, al mismo tiempo en Europa se empezaron a publicar los primeros vocabularios y artes europeos. Tenemos de ejemplo a Elio Antonio de Nebrija con sus obras fundamentales en la Lingüística del Renacimiento: la *Gramática Castellana* y el *Diccionario latino-español* ambas publicadas en 1492. He aquí algunas obras que se publicaron en el siglo XVI y principios del siglo XVII (época de oro de los estudios de la lengua náhuatl), con respecto a la lengua náhuatl, considerada *tecpillatolli* "lengua noble y pulida":

- *Diccionario latino-español* de Elio Antonio de Nebrija.
- *Arte o gramática del Náhuatl* de Rémi Simeón, nahuatlato ilustre que emitió un juicio muy severo acerca de quienes adoptaron el modelo de Nebrija para enmarcar el estudio y descripción de las lenguas indígenas del Nuevo Mundo.
- *Arte de la lengua mexicana* del franciscano Andrés de Olmos.
- *Vocabulario en Lengua Castellana y Mexicana y Mexicana y Castellana* de Alonso Molina (quién llegó a México antes de 1523, aprendió a hablar náhuatl perfectamente que sirvió de intérprete a los primeros franciscanos), el autor más afortunado del siglo XVI porque pudo ver impresas casi todas sus obras, y varias de ellas reimpresas, las cuales contienen un gran número de palabras nahuas adaptadas o inventadas (hispanismos o hibridismos y neologismos) para designar conceptos o cosas de la cultura española, debido al contacto cultural tan intenso entre estos dos pueblos.
- *Doctrina Christiana en Lengua Mexicana* que comprende detalladamente las oraciones, mandamientos, sacramentos y otros postulados del credo católico, así como un conjunto de textos

relativos al culto. Este manuscrito lo publicó fray Pedro de Gante en 1553.

- *Colloquios de la paz y tranquilidad Christiana en Lengua Mexicana* de fray Juan de Gaona, publicado en 1582. Esta obra tiene una orientación más filosófica que la de la mayoría de las publicaciones religiosas del siglo XVI, y constituye una nueva forma de literatura en náhuatl, por sus numerosos neologismos y su estilo refinado de la lengua clásica[41].

En los tres siglos del periodo novohispano se siguieron escribiendo y publicando doctrinas, confesionarios, sermonarios y otras obras de índole religiosa en lengua mexicana, como las del llamado "teatro de evangelización". Otro dato curioso es la perduración del empleo del náhuatl como "lengua general", en documentos elaborados por escribanos indígenas con diversos propósitos. Se trataba generalmente de crónicas y otros relatos de contenido histórico o literario, así como testamentos, cartas con peticiones y quejas, escritos correspondientes a títulos y litigios de tierras y asuntos de carácter legal.

Ahora bien, conforme la compilación por parte de los escritores indígenas sobre las antiguas tradiciones fue decreciendo a medida que avanzó el siglo XVII, la amplia gama de documentos de contenido legal de modo alguno desapareció. Sin embargo, las muchas o pocas aportaciones que hicieron los escribanos nativos enriquecieron el campo léxico del náhuatl. Ahora presentaré algunas de las publicaciones relevantes y traducciones del náhuatl al castellano, y viceversa, que se efectuaron durante los siglos XVII y XVIII:

- *Vocabulario Manual de las Lenguas Castellana y Mexicana,* publicado en 1611 por Pedro de Arenas, era una especie de guía de la

---

[41] Ascensión H. de León-Portilla, *Tepuztlahcuilolli: impresos en náhuatl*, México, UNAM, 1988, pp. 5-42.

conversación náhuatl y castellano, destinada a los viajeros y a todos aquellos que querían comunicarse con los hablantes del náhuatl.

- *Matrícula de Tributos* por Francisco Antonio de Lorenzana, la cual formaba parte de las publicaciones que anunciaban lo que sería la búsqueda y el acercamiento al pasado mexicano, luego de consolidarse la Independencia.

- *Historia antigua de México* de Francisco Xavier Clavijero que hacía referencia a las tradiciones indígenas en náhuatl.

- *Arte de la lengua mexicana con la declaración de los adverbios della,* del jesuita Horacio Carochi, nacido en Florencia, fue profesor de náhuatl y de otomí e investigador. Compuso artes, vocabularios, confesionarios y recopiló diversos textos indígenas de la tradición náhuatl clásica.

- *Compendio del Arte de la Lengua Mexicana* del P. Horacio Carochi de la Compañía de Jesús, publicado en 1759. Como el título lo dice es un compendio sin variar el contenido del *Arte* de Carochi y representa una valiosa contribución para conocer el náhuatl en las últimas décadas del XVIII[42].

Este conjunto de obras a finales del siglo XVIII y principios del XIX contienen en mayor o menor grado un matiz de modernidad. Muchos de ellos salieron a la luz en víspera de la Independencia del país, y son un anticipo de los temas cultivados en el siglo XIX sobre el náhuatl. Estos temas se enfocaron en la historia y filología nahuas. Desde luego aparecieron reediciones de algunas obras novohispanas religiosas que continuaron gozando del favor popular del siglo XIX, y también impresiones de otras nuevas que se hicieron principalmente en los Estados: Puebla (Orizaba, Chalchicomula, Teziutlán), San Luis Potosí y Guanajuato (León). He aquí algunos ejemplos de las publicaciones del pensamiento cristiano en

---

[42]   Ibid. pp. 43-48.

las variantes del náhuatl y estudio de la misma lengua, que se enriquecía conforme al pasar de los años:

- El *Catecismo* de Ripalda volvió a imprimirse en México en 1878, y en Puebla en 1886, esta vez según la traducción del nahuatlato Miguel Trinidad Palma.
- *Doctrina extractada de los catecismos mexicanos de los padres Paredes, Carochi y Castaño* que editó Juan Romualdo en 1840.
- *Explicación clara y sucinta de los principales misterios de Nuestra Santa Fe Católica* que se reeditó en 1887 del mismo autor, Juan Romualdo. Esta obra se imprimió también en el idioma mexicano.
- *Devoción en honor del Sagrado Corazón de Jesús* de Teodoro de Almeida, publicada en Orizaba.
- *Evangelio de San Lucas del latín al mexicano o mejor al náhuatl,* publicada en Londres en 1833. El texto, en mexicano solamente, contiene los veinticuatro capítulos del Evangelio de San Lucas. Desafortunadamente no tiene ninguna nota explicativa, ni el nombre del traductor.
- *Silabarios* de Gregorio Rivera y otro de Bartolomé Castaño.
- *Silabario* de Faustino Chimalpopoca Galicia que fue un destacado traductor y estudioso del mexicano.
- *Gramática teórico-práctica* de Francisco Rosales y Malpica que apareció a finales del siglo en Puebla, centro de la letra impresa en náhuatl de contenido religioso.
- *Gramática de la lengua azteca o mexicana* de Miguel Trinidad Palma, la cual se ajustó al programa oficial de las Escuelas Normales del Estado de Puebla.
- *Estudios gramaticales sobre el náhuatl* de Macario Torreos. En esta obra describe la lengua según el esquema tradicional con énfasis en el nombre y el verbo.
- *La enseñanza del náhuatl* del traductor Bernandino de Jesús Yolcecel que publicó en 1889. Esta obra es una brevísima síntesis gramatical dedicada a Antonio Peñafiel.

- *Obras Históricas* de Chimalpopoca que contienen muchos documentos antiguos recopilados por José Fernando Ramírez y traducidos al castellano por don Faustino. Un dato curioso de este personaje es que uno de sus discípulos fue Maximiliano de Habsburgo, el cual en sus tres años de gobierno expidió varios decretos en náhuatl y español.

- *Colección de documentos para la historia de México* de García Icazbalceta dividida en dos volúmenes. A esta colección siguió una segunda serie, en cinco volúmenes, impresa entre 1886 y 1892, intitulada *Nueva colección de documentos para la historia de México.*

- *Diccionario de curiosidades históricas, geográficas, cronológicas, etc. de la República mexicana* del cubano Féliz Ramos i Duarte, publicado en 1889. También publicó el *Diccionario de Mexicanismos* en 1895. Este diccionario fue una obra hecha con gran acuciosidad, en la que da a conocer y explica muchos nahuatlismos de los diferentes estados de la República. Incluso critica y corrige las locuciones que usualmente se confunden con nahuatlismos[43].

A pesar del gran número de artes elaboradas en el periodo novohispano, el interés por redactar nuevas gramáticas en el siglo XX en realidad nunca se perdió. Aparecieron más compendios y estudios gramaticales del náhuatl clásico hasta el mexicano, redactados por europeos y mexicanos. Surgen también las clasificaciones y estudio de los dialectos como tal, según su fonética, gramática y región geográfica, así como comparaciones entre los dialectos, provenientes de la misma familia. He aquí algunos ejemplos de las aportaciones de las últimas décadas en cuanto a la filología e historia del náhuatl:

---

[43] Ibid. pp. 54-151.

- *Las Relaciones originales del Chalco-Amaquemecan* que fue traducida por Silvia Rendón en 1959. Fue autora de la paleografía[44] y traducción al castellano de la obra mencionada en la parte de arriba y de la *Historia Tolteca-Chichimeca*, ambas fuentes muy importantes del siglo XVI.
- *Huei Tlamahuizoltica,* del cual se han hecho reproducciones. La primera, facsimilar, es la que se encuentra en el libro *El gran acontecimiento*, publicado en 1926, acompañada de traducción al castellano según el nahuatlato Primo Feliciano Velázquez. Este mismo texto lo encontramos en otra obra de Velázquez, *La aparición de Santa María de Guadalupe* que se publicó en 1931. Alfonso Junco reprodujo el facsímil náhuatl con la traducción de don Primo en su obra llamada *Un radical problema guadalupano*.
- *Ritos, fiestas y ceremonias,* 1570, de Diego Durán[45].

A lo largo de este subtema hemos visto las aportaciones y testimonios tanto extranjeros como mexicanos, ya sean lingüísticas, históricas, filológicas, paleográficas o antropológicas. Sin embargo, hubo también aportaciones de otras disciplinas relacionadas con éstas como las ciencias naturales y la medicina en las que no enfocaré en este trabajo. A continuación me

---

[44] La voz Paleografía proviene del griego y así se designa a la ciencia de la escritura antigua. Comprende el estudio de las vicisitudes experimentadas por la escritura en todos los tiempos y lugares, cualquiera sea la materia sobre la que aparezca la escritura (cartas, documentos, monumentos, etc.). Este estudio puede hacerse con dos fines principales. Uno, adquirir los datos necesarios para la lectura e interpretación de los textos antiguos; el otro, deducir del estudio de los elementos gráficos de cada período, noticias que permitan juzgar con probabilidades de acierto la autenticidad de los monumentos y documentos, o asignar fecha en caso necesario. Alejandra Bardier, "Paleografía" en *Fichas temáticas*, del día 27 abril 2010, <*http://www.fhuce.edu.uy/antrop/extension/viboras/paleografia.htm*>.

[45] Ascensión H de León-Portilla, *Tepuztlahcuilolli: impresos en náhuatl*, México, UNAM, 1988, pp. 153-220.

enfocaré en los textos literarios traducidos del náhuatl al español desde la
llegada de los españoles, hasta el siglo XX.

2.3 Mención de textos literarios traducidos del náhuatl al español

Para empezar con este tema, me gustaría primero recalcar que se le
atribuye a la tradición prehispánica dos tipos principales de géneros
literarios: los *cuicatl*, vocablo que se traduce como canto, himno o poema,
y los *tlahtolli*, término que significa palabra, palabras, discursos, relación.
Las características principales de los *cuicatl* es que son inspiración y también
sentimiento. En ellos afloran los recuerdos y el diálogo con el corazón
(*yoltéotl*). El ritmo y la métrica, acompañados con la música y la entonación
son sus atributos exteriores. Entre los nahuas fue muy amplia la gama de
creaciones con estas características.

Los *tlahtolli* por su parte que también significaba relato, historia y
exhortación, se comprendía todo aquello que se ofrecía como fruto de
inquisición y de conocimiento en diversos grados sistemáticos. Entre las
principales maneras de *tlahtolli* que cultivaron los nahuas pueden percibirse
diferencias en los vocablos. Por ejemplo: los *huehuetlatolli*, palabras o
discursos de los ancianos; los *teotldhtolli*, disertaciones divinas o acerca de
la divinidad, los *yeinuecauh thahtolli* (los cuales se encontraban también en
los *huehuetlatolli)* que eran relatos acerca de las cosas antiguas, o también
ihtoloca, lo que se dice de algo o de alguien, versión nativa de lo que sería
la historia para nosotros, los *tlamachilliz-tlazolzazanilli* que literalmente
significaban relaciones orales de lo que se sabe, como son las leyendas y
narraciones ligadas muchas veces con tradiciones de contenido mitológico,
los *in tonalli itlatalhtollo* que eran conjunto de palabras acerca de los destinos
en función del *tonalamatl* (calendario adivinatorio), los *nahuallahtolli* (de
nahualli, y *tlahtolli*) que eran básicamente conjuros.

Todos estos géneros se anexaron a las muchas colecciones y compendios
para traducirlos. Muchos de ellos se encontraban en la *Colección de Cantares*

Mexicanos, Romances de los Señores de la Nueva España, Códice Florentino, en los *Códices Matritenses,* en todos los Libros de la *Historia* de Sahagún, entre otros.

Algo realmente sorprendente fue que durante el siglo XX muchas de las leyendas o textos literarios se tradujeron del náhuatl al inglés, tal es el caso de la leyenda de Quetzalcoatl, tomada del Libro III de Sahagún, y traducida por el inglés Sr. John Hubert Cornyn; y al alemán como algunos de los textos nahuas de los Códices Matritenses que fueron traducidos por Leonhard Schutze Jena, entre otros.

Por su parte el Dr. Ángel Ma. Garibay K. dio a conocer otros textos de la documentación recogida en Tepepulco, traducidos por primera vez al castellano. Finalmente en su obra llamada *Historia de la literatura náhuatl* fundamentó y ofreció la traducción directa de numerosos textos de los recogidos por fray Bernardino de Sahagún, con objeto de presentarlos como ejemplos literarios.

Varios de los textos literarios que se tradujeron fueron los poemas nahuas, los cuales se encuentran en el manuscrito más valioso en esta materia, que se titula *Cantares mexicanos.* Abundan realmente los testimonios de los primeros investigadores que fueron los misioneros cristianos, entre ellos, Diego Durán. He aquí algunos ejemplos de los testimonios de esta poesía:

- *Manuscrito de Tezcoco.*
- *Los poemas sacros* que Sahagún recogió en Tepepulco.
- *Arte novíssima de la lengua mexicana* de Tapia Zenteno.
- Las *Pláticas antiguas en lengua mexicana* de fray Juan Baptista.
- *Códice Aubin* (una deficiente paleografía de los cantares mexicanos).
- Los *Anales de Tecamachalco.*
- *Leyenda del Tepoztécatl*[46].

---

[46] Ibid. p. 24. Véase también en Miguel León-Portilla, *La filosofía náhuatl estudiada en sus fuentes,* México, UNAM, 1979, p. 10.

El cuento, que es otro género literario, fascinó tanto a europeos como a los propios mexicanos; tenemos como ejemplo el caso particular de la traducción del cuento intitulado en náhuatl *Cizuonton uan yolhcatl*, traducido como "La doncella y la fiera". Debo recalcar que este cuento quedó incluido en el conjunto de los catorce textos que integran la obra *Cuentos indígenas*, recogida por Pablo González Casanova, que sacó a la luz en 1946. Al mencionar teorías e hipótesis relacionadas con el problema particular del origen de los cuentos indígenas de México, lo que sobresale es la escasez de materiales en tales idiomas nativos (náhuatl, otomí, maya, entre otros). Mencionaré algunos investigadores que laboraron en este campo: el alemán Konrad Theodor Preuss que trabajó con los coras, huicholes y nahuas, el norteamericano Franz Boas que colaboró con grupo de habla náhuatl y Pablo González que trabajó en Milpa Alta y en Tepoztlán. He aquí ejemplos de cuentos indígenas de Morelos y de Guerrero:

- *Sentle tlapacho omoyolkokouaya* (Una gallina triste).
- *Ome chivojtin amo omonemilijkej* (Dos chivos necios).
- *Mixton uan tototsin* (El gato y el pajarito).
- On tlakatl iwan on atemitl (El hombre y el piojo).
- Sen tototl ketoch niman on pichon (El pájaro carpintero y el pichón).
- On Rey iwan ichpoch (El rey y su hija).
- On Kwanaka (La gallina).
- *Chikome chitokokone* (Los siete chivitos)[47].

Los mitos y las leyendas también forman parte del folklore indígena, los cuales no podrían faltar en la literatura de una cultura, puesto que cuentan

---

[47] Rosa Román Lagunas, "Antología de cuentos indígenas de Guerrero" (2007), del día 30 mayo 2010, <*http://207.249.136.11/pdflantologia_cuentos_ indigenas_de_guerrero.pdf*> e Instituto Lingüístico de Verano en México, "Náhuatl de Morelos", del día 30 mayo 2010, <*www.sil.org/mexico/nahuatl/ morelos/00v-NahuatlMorelos-nhm.htm*>,<*www.sil.org/mexico/nahuatl/guerrero/ F004D-Cuentos-nah.htm* >.

historias de guerreros, de nacimiento de astros, de rituales religiosos, en fin elementos que componen la cultura nahua. He aquí la leyenda azteca del sol y la luna:

Antes de que hubiese día, se reunieron los dioses en Teotihuacan y dijeron, ¿Quién alumbrará el mundo? Un dios rico (Tecuzitecatl), dijo yo tomo el cargo de alumbrar el mundo. ¿Quién será el otro?, y como nadie respondía, se lo ordenaron a otro dios que era pobre y buboso (Nanahuatzin). Después del nombramiento, los dos comenzaron a hacer penitencia y a elevar oraciones. El dios rico ofreció plumas valiosas de un ave que llamaban quetzal, pelotas de oro, piedras preciosas, coral e incienso de copal. El buboso (que se llamaba Nanahuatzin), ofrecía cañas verdes, bolas de heno, espinas de maguey cubiertas con su sangre, y en lugar de copal, ofrecía las postillas de sus bubas.

A la media noche se terminó la penitencia y comenzaron los oficios. Los dioses regalaron al dios rico un hermoso plumaje y una chaqueta de lienzo y al dios pobre, una estola de papel. Después encendieron fuego y ordenaron al dios rico que se metiera dentro. Pero tuvo miedo y se echó para atrás. Lo intentó de nuevo y volvió para atrás, así hasta cuatro veces. Entonces le tocó el turno a Nanahuatzin que cerró los ojos y se metió en el fuego y ardió. Cuando el rico lo vio, le imitó. A continuación entró un águila, que también se quemó (por eso el águila tiene las plumas hoscas, color moreno muy oscuro o negrestinas, color negruzco); después entró un tigre que se chamuscó y quedó manchado de blanco y negro.

Los dioses se sentaron entonces a esperar de qué parte saldría Nanahuatzin; miraron hacia Oriente y vieron salir el Sol muy colorado; no le podían mirar y echaba rayos por todas partes. Volvieron a mirar hacia Oriente y vieron salir la Luna. Al principio los dos dioses resplandecían por igual, pero uno de los presentes arrojó un conejo a la cara del dios rico y de esa manera le disminuyó el resplandor. Todos se quedaron quietos sobre la tierra; después decidieron morir para dar de esa manera la vida al Sol y la Luna. Fue el Aire quien se encargó de matarlos y a continuación el Viento empezó a soplar y a mover, primero al Sol y más tarde a la Luna. Por eso sale el Sol durante el día y la Luna más tarde, por la noche."

Esta leyenda fue documentada por el padre Sahagún, de los propios aztecas[48].

Y, por último, he aquí algunos de los títulos de las leyendas nahuas más conocidas:

• La leyenda del maíz.
• Los xocoyoles.
• La leyenda de los volcanes[49].

Como hemos visto no es sino hasta finales del siglo XX que se empiezan a recopilar cuentos y leyendas nahuas para su traducción. Estas traducciones representaron varios problemas, debido al vocabulario y los conceptos nahuas. Pero los que más representaron todo un reto fueron los poemas, porque uno tiene que tomar en cuenta otros elementos tales como la métrica, el estilo, la rima y el ritmo. Es por eso que en el siguiente capítulo voy a explicar con detenimiento a qué tipo de problemas se enfrentaron específicamente los frailes, y los historiadores, antropólogos y filólogos, y cómo fue que los resolvieron.

---

[48] Loy 2008, "Leyenda azteca del sol y la luna" en *Historia y relatos*, (2008), del día 4 julio 2010, <*http://historiaactual.blogspot.com/2008/08/leyenda-azteca-del-sol-y-la-luna.html*>.

[49] "Leyendas Prehispánicas" en *Leyendas mexicanas y mitos mexicanos*, el día 4 julio 2010, <*http://www.mitos-mexicanos.com/index.php?option=com_search&s earchword=prehispanica&searchphrase=all&ordering=newest*>.

Filosofía náhuatl y Traductología: dos ciencias para transmitir el mensaje nahua

(Imagen de la cosmovisión náhuatl y la figura de Quetzalcoatl <www.esquinamagica. com/articulos.php?idar=613&id1=34>)

3.1 El saber filosófico de los pueblos nahuas

HAY CIERTAS DUDAS que salen a relucir cuando se cuestiona si la filosofía náhuatl fue una verdadera filosofía. La verdad es que aunque esta filosofía no seguía los cánones de las europeas, marcó un gran impacto en aquellos filósofos e historiadores que se dedican a esta materia, por su gran complejidad y misticismo que explicaré a continuación.

Todos los animales, dioses, días, nombres y colores se regían por los cuatro puntos cardinales. El hombre recibía el nombre del día en que nacía, los días a su vez agrupados en el calendario ritual se dividían en cuatro partes de 65 días cada una que correspondía al Este, Oeste, Sur y Norte. Cuatro fueron los hijos engendrados por la primera pareja: Los tres Tezcatlipocas y Quetzalcoatl, cuatro los dioses que crearon al dios y la diosa del agua, que a su vez tenían un aposento de cuatro cartas; los cuatro dioses ordenaron hacer por el centro de la tierra cuatro caminos para entrar por ellos y alzar el cielo; cuatro fueron las primeras destrucciones, cuatro "soles" edades antes de que surgiera el mundo actual, como cuatro direcciones tiene el segundo juego de pelota, por ejemplo. Aparte del número cuatro, hay otros que también eran de suma importancia como el nueve que era el número del inframundo, de los días maléficos, pero también el de la tierra y el de lugares subterráneos; el trece que era el de los cielos donde la pareja divina esperaba la destrucción del mundo actual para construir otro nuevo y el veinte es el número del hombre.

Este simbolismo dejó perplejos a los frailes españoles, porque para ellos todo era una obra del demonio. Sin embargo, no se imaginaron que cada elemento y símbolo de su cosmovisión estaba cargado de significado. Un ejemplo clarísimo de esto fue la serpiente, para la fe cristiana ésta simboliza el demonio, el mal; sin embargo para los aztecas simbolizaba la vida, la sabiduría, y también ese símbolo estaba presente en varios de sus dioses importantes como Quetzalcoatl (serpiente emplumada), *Chicomecoatl* (diosa de la fertilidad), *Coatlicue* (la diosa de la falda de las serpientes-la diosa madre), entre otros, y finalmente un emblema nacional y político

representado por *Xiuhcoatl* (cabeza de serpiente de fuego)[50]. Imaginemos el
impacto tan grande que provocó este simple hecho. Así que continuaron
con su conquista religiosa sin importarles el verdadero significado que
tenía este animal y muchos otros símbolos, que conformaban toda una
filosofía.

Las características más notorias de esta filosofía eran que el hombre
nahua buscaba en su mundo verdades fundamentales, el por qué de la
existencia del hombre y su verdad cognoscitiva. Utilizaban el método de
observación y frecuentemente hacían reflexiones sobre su ser mismo y el
ser de lo trascendente. Esto demuestra que era un sistema filosófico similar
a otros de occidente, porque manifestaban el deseo de buscar las verdades
elementales con relación a la concepción del mundo y, lo más importante,
porque tenían una visión propia del universo. Esta filosofía se ve reflejada
en todas sus manifestaciones espirituales y en su poesía. ¿Por qué en sus
manifestaciones espirituales? La respuesta es sencilla: si hablamos de su
filosofía, tenemos que hablar de su teología. Una no puede vivir sin la otra.
Esto no quiere decir que le resta valor a su pensamiento filosófico, sino que
es un fenómeno que normalmente se presenta en la mayoría de las culturas.
Con respecto a su teología es difícil entenderla debido a la ausencia de
documentos indígenas que especifiquen el origen de los dioses, su lugar en
el cielo o sus esferas de acción. Hay tantas versiones de cómo se crearon los
primeros dioses y cómo se creó el mundo que realmente no se sabe cuál fue
la original[51].

Ahora bien, este conocimiento de la naturaleza, la tradición histórica
y el centro del mundo nahua tuvo que partir de una fuente o de varias.
Hay una posibilidad que esta visión del mundo partía de la cosmovisión
tolteca, de la que formaba parte fundamental la figura de Quetzalcoatl. Esta
concepción tolteca estaba sumamente marcada por el elemento religioso, y

---

[50]   Manuel Aguilar Moreno, "Arte Azteca", del día 10 noviembre 2011, <*http://
www.famsi.org/spanish/research/aguilar/Aguilar_Art_Text_es.pdf*>.

[51]   "Quetzalcoatl", del día 8 julio 2010, <*http://www.civilopedia.com/historia/
azteca/religion/dioses/quetzalcoatl/*>.

se reflejaba en la construcción de los templos, en la escultura teomórfica y en el juego de pelota.

> Los toltecas expresaban su pensamiento del mundo a través de los mitos; el mundo aparece en ellos como una isla inmensa dividida de manera horizontal en cuatro cuadrantes, rumbos, a manera de puntos cardinales y rodeada toda por el agua. Estos cuatro rumbos se encuentran en el ombligo de la tierra. Cada uno con su propia simbología y su propio significado. Así, el Oriente, simbolizado por el color blanco, es la región fuente de la vida, de la fertilidad, de la luz, del nacer y renacer. El Norte, simbolizado por el color negro, es la región en donde yacen los muertos. En el Poniente se encuentra la residencia del sol, lugar de la juventud y de la abundancia, y se halla representado por el color rojo. El azul simboliza al Sur, lugar de la tierra y de la siembra. Pero no sólo horizontalmente se halla dividido el mundo. Verticalmente hay varios estratos. Arriba de la tierra se encuentran los cielos, (El Topan) ocupados por los distintos cuerpos celestes. En el cielo último, en el más alto, está la región de los dioses. Hacia debajo de la tierra hay una serie de pisos inferiores, que son recorridos por los que mueren, hasta llegar al profundo, en donde se halla El Mictlán (la región de los muertos)[52].

Lo anterior nos da una idea de la posible influencia tolteca que repercutió y quedó plasmada tanto en el pueblo azteca como entre otros pueblos vecinos. Y hay un hecho que debemos tomar en cuenta, el mundo que ellos percibieron no era siempre el mismo, es decir, no era un mundo estático, sino por el contrario era un universo que se transformaba y que cambiaba con el tiempo.

---

[52] "Filosofía náhuatl", el día 6 noviembre 2010, <*http://www.esquinamagica. com/articulos.php?idar=613&id1=34*>.

Esta visión cosmológica refleja que ellos sabían que éste es un mundo destinado a desaparecer y que representaba inseguridad para todo; lo único seguro era la muerte. Sin embargo, el mundo no sólo estaba dominado por la amenaza, sino que también ofrecía esperanza. Es este conjunto de mitos y esta cosmovisión la que se toma de Quetzalcoalt. A partir de él surgen nuevos conceptos, formas diversas de concebir la realidad y lo trascendente, que cambian la forma de pensar existente y marcan indiscutiblemente la civilización náhuatl.

Pero, ¿quién era Quetzalcoatl? De acuerdo con los datos que se conservan de este personaje pareciera que se tratara de un ser histórico y mítico a la vez que está personificado de diversas maneras entre los pueblos nahuas, ya que constituye el personaje central de la historia mesoamericana. Ningún otro nombre de rey o emperador se le pudo comparar. Su papel esencial en la fundación de la cultura nahua no ha sido puesto en duda por ninguno de los historiadores de los siglos XVI y XVII, porque cuentan que su imagen de serpiente emplumada poseía para los pueblos precolombinos la misma fuerza de evocación que el crucifijo para el cristianismo. En *Tenochtitlan* continuaba siendo objeto de la más profunda veneración. Además, era considerado e invocado como creador del hombre y de sus obras y como el patrón del sacerdocio y de los colegios de los príncipes. Hasta el fin del Imperio, los grandes pontífices de la metrópoli continuaron llamándose "sucesores de Quetzalcoatl". Este personaje sin igual reinó cuando se fundó la primera ciudad precolombina donde se solidificaron los cuadros sociales y religiosos que posteriormente predominaron en Mesoamérica durante más de mil quinientos años. Los documentos relativos a sus actividades como rey de Tollan lo categorizaban como un rey de alta elevación moral. Es difícil discernir en qué momento la imagen pura y enseñanza de este personaje empieza a empañarse.

Todo lo que se puede decir es que las leyes de perfeccionamiento interior enseñadas por *Quetzalcoatl* sirven a los aztecas para apoyar una sangrienta razón de Estado: la unión mística con la divinidad que el individuo no puede alcanzar más que por grados sucesivos y solamente al cabo de una vida de contemplación y de penitencia, está ahora determinada por la manera en que se muere. Se trata en verdad, de una práctica de baja hechicería: la transmisión material, al sol, de la energía humana. La revelación exaltante de la Unidad eterna del espíritu se ha convertido en un principio de antropofagia cósmica. La liberación del yo diferenciado, groseramente tomado al pie de la letra, se realiza por medio del asesinato ritual que fomenta las guerras[53].

No obstante lo anteriormente dicho, no voy a ahondar más en el tema puesto que me enfocaré en la descripción de la filosofía nahua.

En la filosofía náhuatl, los *tlamatinime* eran los sabios o filósofos que se dedicaban a transmitir sus conocimientos o sabiduría a los jóvenes. El término *tlamatinime* significa literalmente "los que saben algo o los que saben cosas". Una de las pruebas históricas que tenemos acerca de la existencia de estos sabios se encuentra en el Códice Matritense de la Real Academia de la Historia (folio 118 r y v), en el cual Fray Bernardino de Sahagún describe la esencia del filósofo o tlamatiniyotl de una manera metafórica al señalar sus rasgos más significativos[54]. En este códice también se señala que las funciones del *tlamatini* son *temachtiani* o maestro; *teixcuitiani* o psicólogo; *cemanavactlaviani* o conocedor del mundo físico; *teyacayani* o pedagogo; *tetezcaviani* o moralista; *mictlanmatini* o conocedor de la metafísica; y *netlacanecoviani* o "el que humaniza el querer de la gente". En pocas palabras, "*gracias a él la gente humaniza su querer y recibe estricta enseñanza*"[55]. Existía también el *cualli tlamatini* que era "el sabio no bueno" o pseudo-sabio que es el opuesto a los *tlamatinime*, porque es falso, dificulta las cosas, es amante de la oscuridad, ladrón, mentiroso y asesino.

---

[53] Laurette Séjourné, *Pensamiento y religión en el México antiguo*, México, Fondo de Cultura Económica, p. 35.

[54] Biblioteca virtual, UNAM, el día 10 julio 2010, p. 1, <*http://www.cialc.unam. mx/pensamientoycultura/biblioteca%20virtual/diccionario/tlamatinime.htm*>.

[55] Ibid. p. 1.

Los *tlamatinime* estaban alejados de la visión místico-guerrera de Tlacaélel[56], porque no elaboraban sistemas lógicos o racionalistas, aunque sí tuvieron dudas e inquietudes que los llevaron a conversar consigo mismos para llegar a una concepción poética del mundo, del hombre y de la divinidad. Se preocuparon fundamentalmente de encontrar la posibilidad de infundir en el hombre una auténtica raíz que los llevara a indagar las diversas concepciones acerca de flor y canto *xochitl in cuicatl* (poesía, arte y símbolo) como las encontramos en las reflexiones de *Nezahualcóyotl*. Esta concepción de flor y canto refiere su origen a los toltecas y persistía en el siglo XV y principios del XVI en Texcoco, Chalco y Huexotzinco. Hay algunos aspectos de este tema que se deben considerar: el origen histórico del arte, la descripción del artista, predestinación y características personales, y las diversas clases de artistas.

En cuanto al origen, los aztecas pretendieron ser los nuevos toltecas y lo demostraron en su arquitectura y en la forma de dialogar consigo mismos. Pero para lograr ese diálogo interno debían acudir a los centros educativos llamados *cuicacalli* o casas de canto o a los *calmecac* (hileras de casas). Por otra parte, el hecho de haber nacido en un día favorable para los artistas, según el calendario adivinatorio, suponía una cierta capacidad innata. De esa manera el artista debía tomar en cuenta su destino y aprender a hablar con su propio corazón (*moyolnonotzani*), porque de lo contrario todo lo perdería.

---

[56] *Tlacaélel* (el de corazón varonil), sobrino del tlatoani *Itzcoatl* y hermano de *Chimalpopoca* y *Moctezuma I Ilhuicamina*, es probablemente el personaje más importante de la historia de los mexicas, desde su cargo de segundo en la jerarquía del poder con los citados y, posiblemente, con *Tizoc* y *Ahuizotl*. Fue el joven que exhortó a los aztecas a ir a la guerra contra *Maxtlatzin Azcapotzalco*. Gracias a él pudieron vencer y tomó a su vez las medidas necesarias para transformar el pensamiento y la vida de su pueblo. Actuó como consejero de *Itzcoatl*, *Moctezuma Ilhuicamina* y de *Axayacatl*, porque nunca quiso ser rey. Con él se cimentó la visión místico-guerrera de los mexicas como pueblo del sol. Véase Miguel León-Portilla, *Los antiguos mexicanos, a través de sus crónicas y cantares*, México, 2° edición, 1997, pp. 44-45.

Antes de pasar a las diversas clases de artistas es importante destacar que el rostro y corazón (*in ixtli in yollotl*) simbolizaban la personalidad, que es exclusivo del humano. Para los nahuas, el ser humano nacía sin el rostro y el corazón definidos, de ahí que el ideal supremo de la educación sea la *Ixtlamachiliztli*, "acción de dar sabiduría a los rostros" y la *Yolmelahualiztli*, "acción de enderezar los corazones", pero fue precisamente la tarea de los *tlamatinime* y de los padres el "hacer sabios los rostros y firmes los corazones" a través de la educación para conquistar el supremo ideal del hombre y la mujer nahuas de "ser dueños de un rostro y de un corazón". *Ixtli* o rostro connotaba la fisonomía moral del ser humano, era la manifestación de un yo que se ha adquirido por la educación y caracterizaba la naturaleza más íntima del yo original de cada persona. *Yollotl* o corazón "la movilidad de cada quién", era el principio dinámico de la acción del hombre, que buscaba y deseaba (por eso se daba el corazón a cada cosa), pero a veces se perdía (cuando iban sin rumbo destruyendo el corazón)[57].

Con respecto al ideal educativo de "rostros sabios y corazón firme", aunque hubo diferencias entre los que eran partícipes de la visión místico-guerrera del mundo y los que pretendían un renacimiento de los antiguos ideales toltecas simbolizados por Quetzalcoatl jamás se perdieron las profundas raíces toltecas.

En muchos de los *huehuetlatolli* del *Códice Matritense*, por ejemplo, se revela ese profundo conocimiento que tenían los nahuas de la naturaleza del hombre como un ser que actuaba y buscaba encontrar el sentido constante de su vida. "*Los nahuas antiguos consideraban que con una personalidad o un rostro y un corazón formados auténticamente a través de lo único verdadero que hay en la tierra, in xochitl in cuicatl, se podía escapar del sueño del tlalticpac, lo que está sobre la tierra, debido a que flor y canto al darle neltiliztli o raíz*

---

[57] Biblioteca Virtual Latinoamérica, del día 10 julio 2010, <*www.cialc.unam. mx/pensamientoycultura/biblioteca%20virtual/diccionario /in_ixtli_in_yollotl. htm*>.

y sentido a su vida en este mundo transitorio lo capacitaba para encontrar su propia verdad"[58].

Después de esta breve explicación proseguiré con las clases de artistas que había. Existían artistas de las plumas, pintores, alfareros, orfebres, gematistas, poetas y cantores. El *amantécatl* o artista de las plumas que hace trabajos de plumas y las pinta de diversos colores. El *tlacuihlo* o pintor, o el que escribe pintado, era el que pintaba los códices y los murales; conocía y transmitía por medio de la palabra y el hacer las diversas formas de escritura, los símbolos de la mitología y la tradición; sabía de religión, costumbres, leyes, geografía, medida, historia, plantas y animales; era a la vez maestro del conocimiento, sabio y artista. El *zuquichiuhqui* o alfarero era el que creaba obras maestras con el barro. El *teocuitlapitzqui* u orfebre era el que buscaba la representación simbólica y dinámica de la vida, pues al crear una figura iba en pos de una imagen de la vida en movimiento. El *tlatecqui* o gematista era el que pulía y bruñía las piedras preciosas. El *cuicani* o cantor era el que componía cantos. El *cuicapicqui* o poeta era el que entonaba cantos.

Dicho lo anterior, el objetivo de flor y canto era el de dialogar con el propio corazón, esforzarse por introducir a la divinidad en el corazón para que su pensamiento y acción lo lleven a endiosar las cosas (*tlayoltehuiani*), es decir, crear en cuanto a *toltécatl* (artista) las obras de arte, y en cuanto a sabio penetrar por la vida de las flores y los cantos en los secretos del saber. El artista siempre tenía presente al pueblo y pretendía "humanizar su corazón", "hacerlos más sabios" y ayudarles a descubrir su verdad o destino en la tierra y de ese modo dar sentido a sus vidas. *"El arte del México antiguo era un medio de integración del pueblo con los antiguos ideales de la religión y la cultura. Era la presentación plástica de las grandes doctrinas, transfiguradas en símbolos e incorporadas a elementos materiales"*[59].

---

[58] Ibid. p. 1.

[59] Biblioteca Virtual Latinoamérica, del día 10 julio 2010, <*www.cialc.unam. mx/pensamientoy cultura/biblioteca%20virtual/diccionario/toltecatl.htm*>.

3.2 La traductología en conjunto con la cosmovisión nahua

Empezaré este subtema explicando qué es la traductología. Es nada menos que la que se interesa por el proceso de trasvase de un sistema lingüístico y semiótico a otro[60]. Es una de las subdisciplinas de la Lingüística Aplicada que tiene su propio método de investigación. Una de las finalidades de los estudios traductológicos es la de explicar la traducción como un fenómeno cultural en una época determinada de la historia. Desde hace varios años se ha tratado de conocer la forma en que las traducciones se han vinculado con la cultura, la lengua y las obras antiguas, es decir, las condiciones socio-históricas, culturales e ideológicas en que han surgido estas traducciones. Esta óptica de la traducción contrasta con la óptica tradicional basada en la lingüística, y la complementa, para que así con una nueva óptica se cuestione la fidelidad y la transparencia de las traducciones. Las traducciones generalmente son gestos individuales que están ligadas y dirigidas a una colectividad que reeditan conforme pasan los años. Es por eso que voy a citar a uno de los grandes genios de la traducción del náhuatl al castellano: Ángel María Garibay. Él como muchos otros traductores tuvo algunas dificultades al llevar el mensaje nahua al castellano. Veamos qué tipo de herramientas de la traductología llevó a cabo para darle vida a los mensajes de los textos antiguos.

En primer lugar tuvo como primera dificultad que había transcripciones de memoria oral y no de literatura originalmente escrita. Es lógico entender que esta memoria oral se encontraba escondida en los vestigios del pasado prehispánico, es decir, en los monumentos, en la escultura, en los relieves, en la cerámica y en los códices, en lo visual. Segundo, el náhuatl clásico ya no estaba en curso y muy pocos lo comprendían, y como la expresión escrita apenas había comenzado con la llegada de los misioneros, para algunos muchos de esos documentos no podrían ser genuinos. Entonces

---

[60]   Departamento de Lingüística Aplicada del CELE – UNAM, del día 14 julio 2010, <*http://dla.cele.unam.mx/dlaw/indice1.html*>.

para Garibay fue un doble esfuerzo, puesto que él quería reivindicar el valor de estos textos, poniéndolos a la par de los monumentos que eran auténticos testigos de la lengua y cultura. Garibay utilizó bases filosóficas etnocéntricas, ya que la cultura nahua ocupaba gran parte del actual territorio mexicano y era probable que entre cada región se presentaran algunas variaciones en cuanto a la religión. Pero Garibay al presentar su magna obra sobre la literatura náhuatl manifiesta que: "No comprender al hombre y no esforzarse por comprender a todos los hombres es lo más opuesto que hay al verdadero humanismo. Tenemos que agregar que la base del cristianismo es la comprensión universal de todos los hombres"[61]. Él contemplaba también al cristianismo como enlace para comprender mejor la cultura nahua.

En la *Historia de la literatura náhuatl*, Garibay no ofreció un proceso sistematizado sobre la traducción, ya que a él le preocupaban más los aspectos retóricos y estilísticos de la transferencia del mensaje, y se guiaba por la traducción de los clásicos. La traducción debemos verla como un instrumento para alcanzar un fin. Claro que hay muchas maneras de traducir y se pueden realizar muchas versiones de un solo texto. Aquí entran dos métodos de traducción: la traducción literal o la traducción libre; pero uno de los dos tiene que acercar al lector al original para no perder fidelidad.

Desde los primeros textos de doctrina de la traducción (Cicerón, san Jerónimo, Maimónides) hasta los últimos intentos de explicar y enseñar la práctica de la traducción, se ha visto que la fidelidad se debe al sentido, ya que es una entidad que contiene signos verbales; estos signos se tienen que descifrar para liberar el sentido y luego volverlos a juntar para crear una "versión" nueva. Eso sucede en cualquier traducción, siempre y cuando se busca la fidelidad, que es muy importante, para darle sentido al texto final. Pero ¿qué pasó en la traducción literaria? Este tipo de traducción es libre

---

[61]   Gertrudis Payás, "Algunas claves de la traductología para entender a Garibay", Revista del Centro de Ciencias del Lenguaje No. 30. (2004), <*http://www. escritos.buap.mx/escri30/gertrudispayas.pdf*>.

por naturaleza. Lo podemos apreciar en los poemas, cuentos, leyendas, etc., ya que uno puede interpretar a su manera y así crear varias versiones. Pero ¿qué pasa cuando cada palabra, imagen o símbolo está cargado de significado y que no puedes interpretarlo libremente? Garibay los clasifica en tres apartados: lo divino, lo humano y las cuestiones filosóficas, debido a que todos los versos no sólo representan la expresión literaria de un pueblo sino que encierran la explicación de todo un universo cultural, religión y expresiones filosóficas[62].

Ahora bien, para dar a conocer esta literatura y este universo cultural, es imprescindible hacerlos inteligibles, porque la inteligibilidad, como dice A. Berman es *etnocéntrica* y es *hipertextual*[63]. *"Etnocéntrica en la medida en que, no habiendo molde para ella en la lengua de llegada, se usan los viejos moldes conocidos (los clásicos, en nuestro caso). Y es hipertextual porque, para que ese original entre en el molde, debe someterse a un proceso de normativización; es decir, debe homogeneizarse y adecuarse a un canon literario (el griego clásico, en nuestro caso)"*[64]. Como en todas las traducciones, las ambigüedades, contradicciones y misterios de esas formas literarias resaltan a la vista y otras permanecen escondidas. En las versiones de traducción de Garibay se puede observar que trató de dar coherencia a ese corpus heterogéneo de los textos y los clasificó según sus valores morales o estéticos de acuerdo con sus códigos personales o colectivos. Sin embargo, sus versiones resultaron textos muy apegados a su ideal, debido a las dificultades de acercar la traducción a su original por ser una literatura marginal[65].

Otros ejemplos serían las dos obras principales de Garibay: *Historia de la literatura náhuatl* y *Poesía náhuatl,* donde había una gran tensión entre el caos (exotismo) y orden formal (clasicismo). En el "caos" se encuentran

---

[62] Ibid. pp. 115-116.

[63] Ibid. pp. 116-117. Véase también en Antoine Berman, «*La traduction de la lettre ou l'auberge du lointain*», en *Les tours de Babel*. Ed. Antoine Berman. Mauvezin:Trans-Europ-Repress, 1985, pp. 48-64.

[64] Ibid. p. 117.

[65] Ibid. p. 126.

los textos sin autor, de múltiples procedencias y temas, en los que no se distingue si son relatos históricos, transcritos o literatura. Por lo que Garibay los clasificó de acuerdo a los géneros tradicionales: poesía, prosa, teatro, y en cada uno de ellos en subgéneros: poesía lírica, épica, dramática, etc., para que el lector se encontrara familiarizado con esta literatura. Sin embargo, para Garibay la literatura náhuatl no necesitaba pedir prestados los cánones literarios griegos, ya que el náhuatl era más conciso que el latín, su estilística era mejor que la griega y, con respecto a lo temático, era una literatura clásica al igual que la griega porque transmitían inquietudes universales del hombre[66]. Esta tensión se resolvió al tener en cuenta este carácter universal y unificador de toda literatura que conservaba y reforzaba sus elementos exóticos.

La segunda tensión era la tensión entre la oscuridad e inteligibilidad. Los textos eran oscuros debido a la enorme dificultad de desciframiento que encerraban los textos, en los que incluso la separación de vocablos era materia de discusión. No obstante, algunos traductores como Garibay estaban convencidos que estas dificultades se podían salvar.

La tercera tensión era religiosa-moral. Garibay creía que los valores que transmitía esta literatura eran: la conciencia de la dependencia de los dioses, lo efímero de la existencia, la belleza de la naturaleza, la expresión del poeta ante el terrible destino, etc., valores que para una civilización que se había caracterizado por la violencia, la guerra y la crueldad eran difíciles de vincularlos entre sí, y al mismo tiempo traducirlos. Pero, ¿cómo lo resolvió Garibay? por una parte asoció los sacrificios humanos y la religión de estado, y por la otra el individualismo de ciertos poemas que escapaban a los constreñimientos de la religión cristiana para situarse en el plano de las inquietudes y de los símbolos de todo anhelo religioso[67].

Por su parte Miguel León Portilla, otro gran traductor y discípulo de Garibay, fue un gran divulgador y escritor prolífico que publicó estudios

---

[66]   Ibid. pp. 126-128.
[67]   Ibid. pp. 128-130.

basados en las traducciones de los textos antiguos, y que ahora son fuentes ineludibles para historiadores y antropólogos. León-Portilla ha actuado como guardián de las versiones que avalan una determinada interpretación del pasado, y las ha defendido, con la ayuda de su gran erudición filológica, de las traducciones hechas por otros estudiosos, o interpretaciones derivadas de ellas, cuando ha considerado que podían ser contrarias a las suyas. Para León-Portilla la traducción, como herramienta poderosa, es considerada peligrosa[68] en manos de historiadores, que solamente desviaban la representación del pasado mexicano, porque ponen en tela de juicio las traducciones ya hechas. Pero la controversia se hallaba en dos campos relacionados entre sí: la historiografía y la traducción. En el campo historiográfico se encuentra el conflicto sobre la autenticidad de las fuentes antiguas y, aunque para Miguel León-Portilla eran auténticas, había otros historiadores como David Carrasco[69], Serge Gruzinski[70] y Jorge Klor de

---

[68] Gertrudis Payás, "El historiador y el traductor", Fractal, el día 20 julio 2010, pp. 1-2, <*www.fractal.com.mx/F42Payas.htm*>.

[69] Dr. David Carrasco jr. Es un historiador de religiones especializado en hermenéutica y el estudio de la religión, religiones mesoamericanas y las fronteras México-EU. Su trabajo ha sido enfocado en la naturaleza simbólica de las ciudades comparándolas en forma perspectiva, utilizando su investigación de 20 años en la excavación de archivos asociados con los sitios de Teotihuacan y México-Tenochtitlan. Esto ha resultado en publicaciones en la violencia ritual y lugares sagrados; *el Gran Templo Azteca, el Mito de Quetzalcoatl, la Serpiente Emplumada*; y *la Historia de religiones mesoamericanas*, el día 26 julio 2010, <*http://web.mac.com/chuyitoson/Villanueva/DrCarrasco_2.html*>.

[70] Serge Gruzinski. Historiador francés especializado en temas latinoamericanos, perteneciente a la corriente de la historia de las mentalidades. Es archivista y paleógrafo y doctor en historia. Director de investigaciones del CNRS (Centro Nacional de Investigaciones Científicas, por sus siglas en francés) y director de estudios del EHESS (Escuela de Estudios Superiores en Ciencias Sociales, por sus siglas en francés). Entre otras obras, es también autor de Histoire du Nouveau Monde (con Carmen Bernand) y Histoire de Mexico, el día 26 julio 2010, <*http://www.tematika.com/libros/derecho_y_ciencias_sociales--4/*>

Alva[71] que no compartían su misma idea. Por otra parte, en el campo de la traducción la controversia se refiere a la forma en que el historiador ha traducido e instrumentalizado estos textos, y a la vez las interpretaciones históricas que estas traducciones transmiten. Es esta controversia la que tiene un gran potencial de conflicto para algunos, ya que los problemas que plantea no son abstractos y distantes, sino que están presentes en la materialidad misma de los textos. Las traducciones tanto de Garibay como de León-Portilla constituyen la fundamentación de lo que se considera la versión oficial del pasado mexicano, y esta versión se ha puesto en tela de juicio[72]. Veamos algunos ejemplos concretos:

1. Las traducciones de Garibay y León-Portilla transmiten que existían sabios que se oponían al militarismo azteca y a los rituales de los sacrificios humanos. Esta crítica se basa en la interpretación de la palabra *tlamatini,* debido a que León-Portilla había construido toda una teoría de la civilización literaria azteca, basada en un supuesto conflicto entre los ideales y rituales del sacrificio humano y las dimensiones existenciales estéticas de los *tlamatinime.* También identificó algunos autores de los cantares que a la vez eran gobernantes de algunas de las principales ciudades tributarias de los aztecas. Amos Segala[73] por su parte argumenta que la noción de

---

historia--3/historia_argentina--1/la_colonizacion_de_lo_imaginario--77189. htm y <*www.ejournal.unam.mx/ehn08/EHN00806.pdf*>.

[71] Dr. Jorge Klor de Alva. Antropólogo y presidente de Apollo International, Inc. y presidente de la Junta de Directores de Pitágoras Apollo International, ltd. (compañía, por sus siglas en inglés), el día 26 julio 2010, <*www.ifc.org/ ifcext/che.nsf/AttachmentsByTitle/deKlavaBIO/$FILE/deKlavaBIO.pdf*>.

[72] Gertrudis Payás, "El historiador y el traductor", Fractal, el día 26 julio 2010, pp. 1-2, <*www.fractal.com.mx/F42Payas.htm*>.

[73] Director de la "Colección Archivos" de origen italiano y autor de obras como la *Literatura náhuatl, El árbol de la cruz,* entre otros, <*www.gbv.de/dms/ sub-hamburg/043428576.pdf*>.

individualismo (al artista como sujeto visible) no puede postularse en la sociedad azteca, en la que todas las manifestaciones estaban estrictamente ritualizadas, es decir que un poeta no podía ser rey y gobernar al mismo tiempo. Cada quien tenía un puesto designado. Pero ¿qué pasa con el rey poeta Nezahuacoyotl? ¿Fue un poeta en verdad? Según Bierhorst, el famoso título que lleva por nombre "El cantar *de* Nezahualcoyotl" debe entenderse como "El cantar *sobre* Nezahualcoyotl". Como vemos un cambio en la traducción puede modificar todo la esencia de un texto. Sin embargo, no se hizo esa modificación y hoy por hoy seguimos deleitándonos con los poemas de este gran rey-poeta. En lo que a mí respecta no coincido con Amos Segala, puesto que los cantos, poemas -que eran parte de las enseñanzas- también los utilizaban para adorar a sus dioses. Las manifestaciones de cantos y poemas no son más que una clara prueba que en sus corazones había armonía y respeto por la naturaleza y lo divino.

2. Tanto Garibay como León-Portilla prehispanizaron los originales, es decir, que Garibay omitía cualquier indicio del cristianismo en sus traducciones (como la palabra "Dios"), mientras que León-Portilla, guiándose por esta misma táctica, consideró que todas las transcripciones de la colección de los Cantares Mexicanos son de origen mayormente prehispánico y las tradujo bajo el modelo de una filosofía nahua[74]. La opinión de Garibay era que toda referencia cristiana en los textos era una corrección que estaba fuera de lugar introducida por los amanuenses de esa época, en los textos aparecían las palabras como "Dios", "Santa María", "Obispo", "Espíritu Santo" y se interpretaron como una expresión de la visión estética de los *tlamatimine*. "Específicamente en la *Filosofía náhuatl* he encontrado varios fragmentos en los que la palabra 'Dios' ha

---

[74] Gertrudis Payás, "El historiador y el traductor", Fractal, el día 26 julio 2010, pp. 5-6, <*www.fractal.com.mx/F42Payas.htm*>.

sido eliminada sin explicación, tanto en la traducción como en la transcripción náhuatl y un caso en el que 'Dios' se convierte en el dios prehispánico *Ometeotl*"[75].

3. Las traducciones de Garibay y León-Portilla sostuvieron una visión de la estética azteca: el de la flor y el canto, ya que en la lengua náhuatl existe una figura retórica que Garibay llamó "difrasismo"[76], que consiste en la co-ocurrencia lexicalizada de dos palabras que metamórficamente significan una tercera. Por ejemplo: *in cueitl in huipilli* que literalmente significa la falda, la camisa, debe interpretarse como "la mujer"; *in nontlan in itzcatlan*, que significa lugar del silencio y del frío, debe interpretarse como "región de los muertos". De la misma manera, la expresión *in xochitl in cuicatl*: la flor y el canto, fue interpretado por Garibay, y luego por León-Portilla, como el símbolo principal de la estética náhuatl, una representación idealizada de las artes y la poesía, *"lo único verdadero en la tierra"*. De igual manera, otro investigador llamado John Bierhorst compartía la idea de que esta concepción florilégica contenía muchos "disfrasismos", por lo tanto se concentró en el aspecto guerrero de los poemas y propuso una explicación totalmente distinta de los Cantares Mexicanos como una colección de "cantos de los espíritus", donde las "representaciones musicales en las que los cantores-guerreros convocaban a los espíritus de los antepasados para que se les unieran y aplastaran a sus enemigos. Estas representaciones se parecen a muchas de las tradiciones de los pueblos indígenas norteamericanos, según John Bierhosrt,

---

[75] Ibid. p. 6.

[76] Este recurso surge de la literatura seguramente como reflejo del uso de ideogramas, que representan conceptos por medio de objetos relacionados con ellos. Como recurso estilístico surge de yuxtaponer dos palabras que nos dan, por asociación el nombre de otra. Ejemplo: *in xochitl in cuicatl* (flor y canto), significa poema, el día 29 julio 2010, *<http://aztlanrpg.net/forums/index.php?topic=947.0>*.

y también afirmó que era a esos guerreros muertos a quienes se les aludía metonímicamente con el difrasismo "flor y canto". Interpretación que, por supuesto, León-Portilla rechazó, puesto que no podía vincular de ninguna forma estas culturas nómadas estadounidenses con la gran civilización azteca.

4. El razonamiento traductológico de León-Portilla es el de la transparencia, la negación de la transferencia: "los textos nahuas hablan por sí mismos", dice León-Portilla. Menciona también que para que los textos hablen de sí mismos, el historiador se metamorfosea adquiriendo una doble personalidad: la del traductor y la del historiador. La mitad historiadora dicta lo que debe realizar la mitad traductora. Ésta no tiene voluntad propia, por lo tanto puede pretender ser un canal neutral, vacío. "Soy tan sólo un traductor", a menudo dice León-Portilla[77].

En conclusión, existe una gran diferencia de interpretación entre las transcripciones, traducciones y planteamientos de traducción de Bierhosrt, Garibay y León-Portilla, y es difícil decir qué traducción es la mejor, porque no las podría cotejar con los originales. Además, no existen las traducciones perfectas puesto que siempre va a haber un término que no exista o que sea ambiguo en la lengua meta. Lo que sí, es que se podría comparar el enfoque traductológico de estos autores; por ejemplo el primero consideraba los textos como fuentes destinadas a invocar el descenso de los espíritus, y no como textos propiamente literarios traduciéndolos de manera lineal como el original; mientras que para Garibay y León-Portilla los textos eran la principal prueba de civilización y de calidad literaria, los cuales eran traducidos en forma de verso. Ambos trataron de prehispanizar los textos para desprender esa esencia nahua de la información existente que ya estaba invadida por los elementos del cristianismo. Por otra parte, Bierhorst

---

[77] Gertrudis Payás, "El historiador y el traductor", Fractal, el día 26 julio 2010, p. 8, <*www.fractal.com.mx/F42Payas.htm*>.

reprodujo de manera escrupulosa todas las vocalizaciones: *yohui, yehuan* (ocho en total); Garibay conservó la mayoría (siete) y León-Portilla sólo la mitad (cuatro)[78].

La forma que conoció Garibay de vivificar los textos nahuas fue la retraducción. Las huellas que dejan los traductores detrás de sí son visibles, y las de Garibay son más fáciles de seguir. Su trabajo representó un esfuerzo sincero para dar a conocer una literatura hasta entonces ignorada o marginal. Sus versiones llenas de explicaciones reflejan una conversación abierta con los textos acerca de lo que eran o pudieran haber sido. Su insistencia en retraducir estos textos hacía movilizar la imaginación del lector, exponiéndolo al diálogo entre traductor y texto y creando, al mismo tiempo, un acercamiento al origen oral[79].

La forma de desenvolverse de León-Portilla fue citando y utilizando los escritos de Garibay para afirmar su noción de filosofía náhuatl, pero las traducciones realizadas de este modo y divulgadas por él no pertenecen a la literatura, ya que carecen de energía literaria vital, la cual Garibay pudo perfectamente infundir en sus traducciones. Y como se han vuelto parte de la historia oficial, la posibilidad de revisarlas se ha restringido. Mientras fuesen literatura podrían ser objeto de interpretaciones, como cualquier otro clásico que se retraduce, pero al convertirlas en fuentes para la historia, en pruebas de la existencia de alguna cosmovisión totalizadora, estas traducciones se han solidificado como originales[80]. Para darnos una idea de lo difícil que fue para Garibay y León-Portilla, entre otros, traducir los textos antiguos analizaré en el siguiente capítulo dos textos literarios: un cuento y una leyenda, para demostrar básicamente los problemas más comunes de traducción, y expondré una nueva versión de traducción de estos tres con la ayuda del nahuatlato Marco Antonio Tafolla Soriano.

---

[78] Ibid. p. 10.

[79] Ibid. p. 11.

[80] Ibid. pp. 10-11.

CAPÍTULO IV

Análisis de traducciones literarias

(Imagen de *Tochihuitzin Coyolchiuhqui (hijo de Izcóatl, éste último supremo gobernante de Mexico-Tenochtitlan <lacomunidad.elpais.com/atrapadordesuelos/category/náhuatl>).*

AL COMENZAR ESTE capítulo explicaré cuáles son los géneros literarios, sus características, sus diferentes composiciones y su función dentro de la cultura náhuatl. Cabe destacar que fue precisamente a través de esta literatura que se descubrió la cosmovisión del hombre nahua, la cual encierra sus conocimientos y su sentido de la vida.

Si comparamos los *cuicatl* (vocablo que se ha traducido como canto, himno o poema) y los *tlahtolli* (término que significa palabra, palabras, discursos, relato, historia) con las producciones literarias en lenguas europeas, diríamos que los *cuicatl* corresponderían a los versos, dotados de ritmo y medida, mientras que los *tlahtolli* serían comparables a las expresiones en prosa[81].

Los *cuicatl* representan la inspiración y también el sentimiento. En ellos afloran los recuerdos y el diálogo con el corazón. El ritmo y la medida, y a veces la entonación acompañada por la música, son sus atributos exteriores. En las culturas antiguas era frecuente que las composiciones sagradas, conservadas por tradición oral, tuvieran en la medida y el ritmo auxiliares poderosos que facilitaran su retención en la memoria. Entre los nahuas fue muy amplia la gama de creaciones con estas características, evocadas a través de la voz *cuicatl*. En los *tlahtolli*, en cambio, se comprendía todo aquello que, no siendo pura inspiración o recordatorio poético, se ofrecía como fruto de inquisición y de conocimiento en diversos grados sistemáticos. Entre los principales maneras de *tlahtolli* que cultivaron los nahuas pueden percibirse marcadas diferencias, expresadas con vocablos distintos: los *huehuetlahtolli* (palabras o discursos de los ancianos); los *teotlahtolli* (disertaciones divinas o acerca de la divinidad, incluidas a menudo en los mismos *huehuetlahtolli*); los *yeinuecauh tlahtolli* (relatos acerca de las cosas antiguas) o también *ihtoloca* (lo que se dice de algo o de alguien, versión nativa de lo que llamamos usualmente historia); los *tlamachilliz-tlazolzazanilli* (que literalmente significa relaciones orales de

---

[81] Arte Historia, el día 29 julio 2010, p. 1, <*http://www.artehistoria.jcyl.es/ cronicas/contextos/11641.htm*>.

lo que se sabe, es decir leyendas y narraciones vinculadas a menudo con tradiciones de contenido mitológico); los *in tonalli itlatalhtollo* (conjunto de palabras acerca de los destinos en función del *tonalámatl*, que era el calendario adivinatorio), y los *nahuallahtolli* (conjuros que pronunciaban los que se dedicaban a la magia)[82].

Ahora bien, entre las principales características de los *cuicatl* sobresalen:

- La distribución de su texto en varios conjuntos de palabras que cabe designar como unidades de expresión.
- La existencia de varias formas de ritmo y metro.
- La repetición con variantes de un mismo pensamiento.
- Una estilística que abarca estructuraciones internas como paralelismos[83], difrasismos, empleo de metáforas[84], entre otros[85].
- El empleo de símbolos e imágenes (objetos preciosos y colores).
- Una gama de temas que constituían la esencia de su arte.

Los distintos géneros en que se distribuyen los *cuicatl* son:

1. Los múltiples *teocuicatl*: cantos divinos o de los dioses. De ellos se dice que constituían material principal en la enseñanza que se

---

[82] Ibid. p. 1.

[83] Es un recurso frecuente en muchas literaturas, sobre todo primitivas y consiste en la repetición de un mismo concepto, palabra o pensamiento completo, por medio de dos o más frases semejantes, incluso sinónimas, que se complementan. Ejemplo: "El llanto se difunde, las lágrimas gotean", el día 29 julio 2010, <*http://aztlanrpg.net/forums/index.php?topic=947.0*>.

[84] En realidad toda poesía se expresa por medio de lenguaje metafórico y en este sentido, la poesía náhuatl no es una excepción. Lo que es original y aparece casi como exclusivo es que en el proceso creador de metáforas los elementos de comparación son: aves, piedras preciosas y flores. Ejemplo: "nuestro hermoso canto: un dorado pájaro cascabel".

[85] Arte Historia, el día 29 julio 2010, p. 2, <*http://www.artehistoria.jcyl.es/cronicas/contextos/11641.htm*>.

impartía en los *calmecac*. La expresión propia del *teocuicatl* es de necesidad solemne, a menudo esotérica. Son la evocación de los hechos primordiales o la invocación de la divinidad.

2. *Teponazcuicatl*: voz que designaba cantos que necesariamente requerían un acompañamiento musical. Precisamente en muchos de ellos se originaron las primeras formas de actuación o presentación entre los nahuas.

3. *Cuauhcuicatl*: cantos de águilas.

4. *Ocelocuicatl*: cantos de ocelotes.

5. *Yaocuicatl*: cantos de guerra.

6. *Xochicuicatl*: cantos de flores.

7. *Xopancuicatl*: cantos de primavera.

8. *Icnocuicatl*: cantos de tristeza.

Todas las composiciones anteriormente mencionadas tenían tono lírico. Precisamente la existencia de estos poemas, en los que se plantean preguntas similares a las que se formularon en otros tiempos, ha llevado a muchos investigadores de la materia a afirmar que hubo quienes cultivaron formas de pensamientos que hacían reflexionar sobre los enigmas del destino humano, la divinidad, y el valor que se debe a la fugacidad de lo que existe[86].

A continuación describiré cuáles fueron los atributos de los *tlahtolli*:

1. Tenían maneras más sistemáticas para exponer determinados hechos, ideas y doctrinas. Sin embargo, no significa que las metáforas y otras formas de simbolismo hayan estado ausentes en los *tlahtolli*.

2. La presencia del tono narrativo o de expresión lógica implicaba un desarrollo lineal en el sentido de las frases que los integran. Pero, por otra parte, también es verdad que era frecuente hallar en ellos una tendencia a estructurar cuadros, escenas o exposiciones como

---

[86] Ibid. p. 2.

sobreponiendo unas con otras con una gran carga semántica, en función de una secuencia de lo que se estaba comunicando, para alcanzar una plenitud de significación.

3. La ausencia de algún acompañamiento musical.

4. Existe una perceptible forma de estructuración métrica, pero sólo en algunos *tlahtolli*.

5. La presencia de expresiones paralelas y difrasismos. Estos recursos tenían un carácter bien definido, porque hacían más fluida la superposición de escenas e ideas con que se expresaba frecuentemente lo que se comunicaba. Gracias al empleo de paralelismos y difrasismos la secuencia era más fácil de comprender.

6. La presencia de un mismo sujeto u objeto gramaticales de varios predicados que, en forma sucesiva, van formando enunciados. A veces dichos predicados están constituidos por diversas estructuras verbales. Cada una de ellas en ocasiones podía ser descrita como una oración convergente en la que se expresaba o predicaba algo con referencia simple al mismo sujeto[87].

A continuación proseguiré con el análisis de dos traducciones de obras literarias: el primer texto es un cuento llamado "*Omochichi Xoxocotla*" (el origen de Xoxocotla) y el segundo es una leyenda llamada "Machilistli in ostotl Koatepec"(el pozo de Coatepec). En el análisis compararé la traducción ya hecha con la versión que voy a proporcionar para explicar con más detalle cuáles fueron los problemas más comunes de traducción y cómo lo resolví. Escogí este cuento que relata cómo se formó el pueblo de Xoxocotla (Véase en el cuadro 2 en la página 95), porque es un claro ejemplo de una comunidad que se vio afectada por la llegada de la lengua española, debido a que los españoles que pasaron por ahí, sin hacer ningún

---

[87]   Arte Historia, el día 30 julio 2010, <*http://www.artehistoria.jcyl.es/cronicas/contextos/11642.htm*>.

esfuerzo de pronunciación, le cambiaron el nombre a muchas de nuestros pueblos como Cuernavaca (antes nombrada *Cuauhnahuac*).

4.1 El cuento "El origen de Xoxocotla"

He aquí la versión en náhuatl:

Omochichi Xoxocotla

Ulaya se ojtli in Tenochtitlan (México) tlen Iguala, uan kok senie ojtli ualaya tlen Tepalcingo ka Chalma uan nikan mopanotiaya. Koa kinon kojkaya naui ojtli; uan se tlakatl in altepetl Tetelpa kinekia ualas mo chantiki pan nun naui ojtli. Nin tlakatl tlapiaya yulkame, opanok se xiuitl, uan okinek kinmaki xokome kostike ual chichiltike, kema olayanke. San niman ope mo piluatia, uan inime opeke mouaxka tia in tlalme, opeke kichiua inchanchan, uan kiun oueyak uan mochichi sente altepetl.

Num ualaya siuatlampa uan in tonalkisaya uan in tlanexpa ka uistlampa ompa konia atl, num chaneke kin kinnamakiltiaya num atl; num tlakame tlen yekoya mo seuiyaya, uan tlatlaniaya nin altepetl chichikitsin kenin itoka, amo kipia, nikan tilia Xoxocotla, kiun omo itoka Xoxocotla, kiun kilia panitlatol num tlakatl kastilankope, ka to tlatol nauatl itoka Xoxocotla, iux in xokotl. Uan num tlakame kastilankopakoa technestike techtlatlaniaya kenin itoka nin altepetl uan kitiaya Xoxocotla, uan yeaun ayekueli kitoaya Xoxocotla ki tlalolike Xoxocotla.

Traducción:

"Origen de Xoxocotla"

Venía un camino desde México a Iguala y otro camino venía de Tepalcingo hacia Chalma y aquí se cruzaban; entonces había cuatro caminos y quiso un señor de Tetelpa venir a vivir en esos cuatro caminos. Era un chivero, pasó un año, quiso plantar ciruelas amarillas y rojas, así pegaron.

Después empezó a tener familia y las familias empezaron a agarrar sitios, empezaron a hacer casas. Se formó un rancho, así se fue poblando y después quisieron vender agua. Los que venían de oriente a poniente y de sur a norte ahí tomaban agua, se descansaban ahí, entonces preguntaban: ¿Esa cuadrita cómo se llama?, dicen: -pues no tiene nombre, aquí le llamamos Xoxocotla-, entonces así se quedó.

Pero Xoxocotla es en español, entre ellos lo llamaban Xoxogula porque ciruelo en náhuatl es xugutl y en español es ciruela. Y así se fue poblando y en tiempo de los españoles cuando nos descubrieron se preguntaban -¿Cómo se llama ese pueblito?- y les decían: Xoxogula. Y ellos no podían pronunciarlo náhuatl, no les gustó ese nombre y en vez de Xoxogula le pusieron Xoxocotla; y entonces así quedó en español, pero en náhuatl es Xoxogula.

Versión propuesta:

"El origen de Xoxocotla"

Venía un camino de México a Iguala y otro que venía de Tepalcingo para Chalma, éstos se intersecaban. Por lo tanto había cuatro caminos. Más tarde, alguien del pueblo de Tetelpa quiso vivir donde se intersecaban estos caminos. Esta persona tenía animales, y después de un año sembró ciruelos amarillos y rojos, los cuales se dieron. Posteriormente tuvo familia, y ésta se multiplicó, ocupando terrenos donde construyeron sus casas. Así se fue poblando el lugar.

Aquellos que venían de poniente a oriente, y de norte a sur pasaban por ahí a tomar agua. La gente del pueblo solía vender el agua a los forasteros. Éstos les preguntaban: ¿Cómo se llama este pueblito? a lo cual les respondieron –no tiene nombre, aquí le decimos "Xoxokola". Los forasteros lo pronunciaron como "Sosocotla", porque no podrían pronunciarlo en castellano. Esta palabra náhuatl se derivaba de la palabra *xogutl* que significa ciruela. Más tarde, otros hombres de Castilla seguían preguntando al pasar cómo se llamaba el pueblo, a lo cual la gente les contestaba "Xoxokola". Como no pudieron pronunciarlo le pusieron "Sosocotla".

El objetivo de la versión propuesta es para todo aquel hispanohablante, tanto de padres nahuatlatos como de padres monolingües (que hablen solamente español) que quiera conocer, explorar y deleitarse con la cultura y lengua nahuas a través de sus cuentos, leyendas, mitos, etc. Esta traducción sigue las reglas gramaticales del español tales como puntuación y morfosintaxis. Con esta versión propuesta quiero dar a conocer este aspecto histórico y literario del pueblo nahua de Morelos a cualquier alumno o profesionista que esté estudiando náhuatl o que quiera saber qué significan muchas de las leyendas y cuentos, inclusive canciones en náhuatl. Es una forma más clara, moderna y no tan literal para entender el mensaje que se desea transmitir. Los alumnos que estudian náhuatl clásico es difícil que entiendan el náhuatl moderno debido a los cambios constantes a los que fue sometido a partir del contacto con el español. Por ejemplo, el cuento que escogí es una versión escrita en náhuatl moderno que data aproximadamente del año 1990, y fue escrita por don Ricardo Alberto Castañeda[88] (la versión original se creó mucho después de la conquista).

La traducción literal que se presenta más adelante no tiene la morfosintaxis del español, aunque curiosamente sí la puntuación. La puntuación, como veremos no es, en la mayoría de los casos la correcta, pero se ve claramente que sí se hizo un intento por escribir el náhuatl bajo las reglas gramaticales del español.

Aparecieron posteriormente otros problemas morfosintácticos y extralingüísticos. Por ejemplo:

1. *Ulaya se ojtli in Tenochtitlan (México) tlen Iguala, uan kok senie ojtli ualaya tlen Tepalcingo ka Chalma uan nikan mopanotiaya. Koa kinon kojkaya naui ojtli; uan se tlakatl in altepetl Tetelpa kinekia ualas mo chantiki pan nun naui ojtli.* En primer lugar este cuento está relatado desde la perspectiva y posición del narrador. Él técnicamente está

---

[88]   El nahuatlato Don Ricardo Alberto Castañeda era un curandero y nativo de Xoxocotla, Morelos que se dedicaba a la medicina tradicional.

en medio y ve esos cuatro caminos. Desde la perspectiva del lector resulta confuso, puesto que nosotros nada más contaríamos dos caminos (México-Iguala y Tepalcingo-Chalma).

2. Hay que especificar que esta transcripción presenta varias características de una variante del náhuatl que se habla en algunas comunidades nahuas de aquí de Morelos. Tenemos el caso de la "k" y la "j" que en algunas palabras tienen la equivalencia a la "h", comúnmente llamada saltillo; por otra parte, la "k" se pronuncia como "g" cuando es intervocálica, y en algunas palabras la "o" se pronuncia como "u" como en el caso de *Xoxokotla* (Shoshogula). También hay casos donde se pronuncia la "u" aparte, lo cual a veces ha creado dos ortografías para ciertas palabras como *Teskoko / Teskuko*.

3. La "u" se pronuncia como la u del español en diptongo: ua, ue, ui, uo como en: *ualau, uejka, uel, ualaya*.

4. El sonido de la "k" no se escribe con la ortografía tradicional: ca, que, qui, co cu, sino sólo se utiliza la "k": *kali, okuilin, tiankistli, keman*.

5. La "l", "m", "n", "p", "t" y "s" se pronuncian como en español.

6. La "ts" es un sonido independiente y se escribe como "ts": *itskuintli, atsintli*.

7. La "ch" se pronuncia como en la escritura fonética del español / tf/.

8. La "y" se pronuncia como la "y" de yeso: *yeyi, yehuan*.

9. Se presenta el problema de singular y plural en la palabra *ojtli* que significa camino, su plural es *ojtlin* y claramente no aparece.

10. La primera palabra que me saltó a la vista fue chivero. La palabra *yulkame* significa literalmente animales. Una de las teorías por las cuales le dejaron la palabra chivero podría significar la llegada de los españoles y el intercambio de animales y legumbres entre ambas culturas. Sin embargo, la versión original existía antes de la conquista. Podemos entonces observar que a través de los años se fue modificando y actualizando. Como en el caso de *Tenochtitlan* por

la palabra México, los nombres de municipios como las conocemos en la actualidad (Chalma, Iguala, Tepalcingo).

11. Después se describe cómo se formó el pueblo a partir de la creación de la familia y que esta familia a su vez se fue emparentando con otras familias de los alrededores.

12. En el caso de la oración: *Num ualaya siuatlampa uan in tonalkisaya uan in tlanexpa ka uistlampa ompa konia atl, num chaneke kin kinnamakiltiaya num atl* tenemos dos difrasismos, tuve que sustituir la metafórica opción del "rumbo de las mujeres" por "poniente" y "el lugar donde nace el sol" por "oriente". Personalmente hubiera dejado esa parte poética y metafórica, pero el objetivo de nuestra traducción se hubiera perdido, ya que no hay ninguna relación del "rumbo de las mujeres" con "el poniente". Estas metáforas se vuelven metáforas lexicalizadas porque de manera inconsciente pierden su uso frecuente imaginario. Como el lugar donde nace el sol por oriente.

13. Y por último tenemos que los *kastilankopa* (hombres de Castilla) no podían pronunciar *Xoxogula* (shoshocotla) y lo dejaron como Xoxocotla (sosocotla). En este caso, en náhuatl la letra "x" representa el sonido de la "sh", pero a través de los años la pronunciación y las reglas gramaticales de la lengua española cambiaron y se empezó a pronunciar como "s" (Temixco, Xochicalco, Axochiapan, etc.).

14. En el texto se presentan varios paralelismos de frases que son un recurso importante en el género narrativo. Cuando la repetición se aplica correctamente ayuda a la comprensión, y efectúa un cambio en la manera en que el oyente y el lector aprecian el relato, porque le da una sensación diferente a la narración relacionada con sus aspectos estéticos. En este caso el narrador remarca, exageradamente los sentimientos de un personaje o las características de un objeto.

Con respecto a la versión literal, la interpretación no tiene mucho sentido para un hispanohablante, incluso resulta muchas veces confuso. ¿Qué pasa cuando hay varias versiones de un mismo texto? Tenemos la versión literal y la versión libre, lo más importante para que toda traducción se considere buena es que ésta debe ser libre, pero sin perder el mensaje o la esencia de lo que se quiere transmitir. Debo recalcar que no existe la traducción perfecta, es decir que sea una copia del original, porque la interpretación de un texto depende mucho de los conocimientos extralingüísticos y la experiencia del traductor. Ahora bien, toda traducción pierde su validez con el tiempo, porque pierde esa fluidez, esa relación con el mundo que nos rodea, y de alguna manera cumplió su objetivo en un determinado momento de la historia. Sin embargo, eso no pasa con el original, simplemente por el hecho de ser un clásico. Como pudimos observar la traducción del Origen de Xoxocotla no es una traducción moderna, por el simple hecho de no acoplar los difrasismos, la morfosintaxis de una manera clara. Una traducción moderna emplea un vocabulario, morfosintaxis actual que ayuda a tener una mayor comprensión de lo que se quiso transmitir del original.

4.2 La leyenda "El pozo de Coatepec"

Machilistli in ostotl Koatepek

Kanin ka ostotl in koatepek tlen amo tepetl ka texkalli, kitoa inmosetiliaka atlan, umpa tlatek amo tlanesi kualli ka tlayouatok. Kua kipia tlatsoltsin tlen onka ejekatl, kua kipia posonali, texiuis, tla kipia tejtli tlatekuinis miek kua num atl katlatsintlan, kiaius san tepitsin uan kua tentoj uan pipintoj itech kuaknon kualikas miek atl amo puliuiske kiamme kua ka tlatsintlan num atl amo kiauis.

Inik tejuan nin xopantla tlen opanoj amo kualli, opanoj in atl uan in miluan oxiuitenke, sekin otlapopoke, sekin ayejmo kimaj kauitl omokeke tepitsin, sekin tonalme in atl otepitseke in tlalme.

Pan nin tlalme kua amo kiaui nin milme peua pilini uan num kipia in atl itk teskzoktle kitlalpachoaya tlakotlalli inik amo llaskia in ixtialok, nime teskaxoktlemej ka atl in koatepek kinotsa num ixtialotl inik num milli papakis.

In atoyatl apatlako pan kauitl kua tonamokaua chipauak san kua eulla num teskatl pano chimoyatl, uan kauis tentoj ja atl in tlapak. Pan xiuitl sempoalli uan naui oueyak miek, ken nikan tikate tlaipak amo tino teokamiki, yese in sakatepell uan Xoxotulan otenke in atl.

Traducción:

Coatepec

Interpretación del pozo

Donde está la cueva de Coatepec no es cerro, es texcal, se dice que está comunicada con el mar, allá adentro no se ve muy bien, está oscuro, cuando tiene basurita el pozo es que hay viento, cuando tiene espumas habrá granizos, si está medio polvoso hay tormentas, no falla, cuando está bajo viene escasez de las lluvias y cuando está llenito y está trasminando en las rocas es cuando trae bastante agua, no faltan las lluvias, cuando está bajo el nivel no llueve.

Para nosotros este temporal que pasó fue mal tiempo, se pasó el agua y las milpas se enyerbaron, unos limpiaron otros ya no, ya no dio tiempo, luego que se paró unos días el agua se endureció el suelo.

En los campos cuando no llueve las milpas están como tristes y los que tienen el agua en sus botellitas la van a enterrar en medio de la parcela para que no se vaya la humedad, según estas botellas con agua de Coatepec llaman la humedad para que la milpa este alegre.

El río Apatlaco en tiempo de seca queda bien limpio como el cristal de limpiecito; solamente si aumentan las aguas pasa sucio y cuando se carga mucha agua por allá arriba. En el año 24 creció bastante y bueno como aquí estamos en lo alto no pasa nada, pero allá en Zacatepec y Jojutla que están abajo les ha inundado algunas partes, el jardín y el mercado de Jojutla se llenaron de agua.

Versión propuesta:

"El pozo de Coatepec"

El lugar donde se encuentra la cueva de Coatepec no es un cerro, sino un tescal. Dicen que está comunicada con el mar y que la obscuridad se esparce por toda la cueva. Dentro hay un pozo y cuando éste se llena de hojas o hierba significa que habrá mucho viento. Cuando tiene espuma significa que lloverá y caerá granizo. Cuando el agua está turbia significa que habrá tormenta. Cuando el nivel de agua es bajo significa que habrá sequía. Cuando el agua es cristalina y trasmina por las rocas significa que habrá buen temporal. Pero cuando el pozo está casi vacío significa que no lloverá.

"El temporal pasado no fue bueno para nuestra gente, porque las lluvias se fueron y las milpas se llenaron de hierba. Muchos trataron de deshierbar, mientras que a otros no les dio tiempo. Al final la tierra se secó, ya que cuando no llueve las milpas de los campos se marchitan" -dijo un campesino de la región.

Entonces se coloca una botella llena de agua de Coatepec en medio del terreno y se entierra para que se conserve la humedad y las milpas reverdezcan.

El río Aplatlaco en tiempo de sequía pasa límpido. Solo cuando llueve y el nivel del agua sube, ésta se vuelve turbia.

"En 1924, el río Aplataco creció mucho, afortunadamente nuestro pueblo está arriba del cauce y no nos pasó nada. Pero en Zacatepec y Jojutla se inundaron" - agregó.

El objetivo de esta traducción es el de dar a conocer de una manera clara y sencilla el mensaje del texto original, a todo aquel que hable español o que sea bilingüe, es decir que hable español y náhuatl. Esta leyenda la tradujo Don Ricardo Alberto Castañeda, la cual data de los años noventa. La traducción literal de Don Ricardo va dirigida a una persona que sea bilingüe, porque no le prestaría tanta atención a la morfosintaxis sino al mensaje y para ellos no habría ningún problema. Pero para cualquier otra persona, inclusive para un alumno que esté estudiando náhuatl, resultaría muy confusa esta versión. Dicho lo anterior, no se podría cumplir la finalidad de la traducción, porque ya hay una barrera entre las personas que tienen el español como primer lengua. La versión propuesta va dirigida a todo aquel hispanohablante que le guste o que esté estudiando literatura nahua.

A continuación voy a enumerar los problemas extralingüísticos y morfosintácticos conforme a su aparición en el texto:

1. Vemos que el título de la traducción es un difrasismo puesto que encierra un símbolo: el agua del río. *"Un simbolismo realmente profundo no depende de las asociaciones verbales de una lengua determinada, sino descansa sobre una base intuitiva subyacente a toda expresión lingüística..."*[89]. Este difrasismo se encuentra en *Koatepec*, *koatl* significa culebra que en este caso representa el río y *tepek* quiere decir "lugar del cerro de". Pero ¿Qué pasa con las palabras *Machilistli* y *ostotl*? La primera significa conocimiento, mientras que la segunda significa cueva. Aquí podríamos decir que la interpretación del agua del pozo surge por el conocimiento, por lo que hay en la cueva. Una traducción literal sería: la interpretación del pozo en el cerro de la culebra, sería largo aunque exacto. Sin embargo, yo opté por el título "El pozo de Coatepec", simplemente porque las personas que no saben náhuatl se guían por la palabra pozo que es de lo se trata el relato, ya la palabra Coatepec de por sí connota un lugar que se encuentra en el estado de Morelos. Al final el título no pierde ese simbolismo del que hablábamos anteriormente y es entendible para cualquier hispanohablante.

---

[89] Pablo Rogelio Navarrete Gómez, "Cuentos náhuatl de la Malintzin" (2009), *<http://www4.nau.edu/seminario/AntologíaIntroFinal.pdf>*.

2. En la traducción también se presentan paralelismos de frases, que como ya lo había yo mencionado, son un recurso importante en el género narrativo.

3. Vemos el mismo fenómeno que la "l", "m", "n", "p", "t" "s" "ch", "u" e "y" se pronuncian como en español.

4. También vemos el mismo caso con la "ca", "que", "qui", "co" y "cu" que se escriben con la "k".

5. Este texto en especial tiene más difrasismos, entonces lo que se hace es domesticarlo como diría Lawrence Venuti citado por Scott Hadley. Para él domesticación es *"una asimilación agresiva de textos extranjeros para que reflejen los valores dominantes de la cultura de llegada al borrar sus características extrajeras que motivaron la traducción en una primera instancia"*[90]. Por ejemplo, *"las traducciones que fray Bernardino de Sahagún hizo de lo que le contaban sus informantes en náhuatl sobre la cultura prehispánica, son un caso concreto de esta domesticación de la traducción"*[91].

6. La palabra "texcal" en el segundo renglón de la traducción se escribe actualmente tescal que significa terreno cubierto de basalto de antiguas erupciones volcánicas o piedra de lava volcánica[92]. En ese mismo renglón, la idea que la cueva se comunicaba con el mar denota la idea que era muy profunda.

7. Luego surge la interpretación del agua que se encuentra en el pozo y dependiendo de cómo se presente habrá buena cosecha o no.

8. En el segundo párrafo el narrador habla en primera persona y relata que lo que le aconteció a las milpas debido al mal temporal.

---

[90] *Apud.* Hadley Scott, "La literatura bilingüe náhuatl-español: un espacio de convivencia entre dos idiomas", Contacto y Contagio, el día 21 agosto 2010, p. 419, <*http://www4.nau.edu/seminario/LiteraturaBilingüe.pdf*>.

[91] Ibid. p. 419.

[92] Definición encontrada en la pagina Noticias voz e imagen de Puebla, el día 22 agosto 2010, <*http://www.noticiaspueblatlaxcala.com/pages/n7puebla68.php*>.

9. Ya en el tercer párrafo hay una explicación de una costumbre muy interesante que se ha llevado a cabo desde tiempos ancestrales hasta la fecha para evitar que se sequen las milpas de los campos. El agua de la botella en medio del terreno es un claro ejemplo de la simbología nahua que significa vida y regeneración, en este caso la regeneración de la tierra si está seca.

10. El último párrafo se refiere al crecimiento del río Apatlaco. Cuando las lluvias se intensifican pasan por el poblado que se encuentra arriba del cerro hasta parar al cauce del río, llevándose tierra, hierbas, etc., es por eso que lo plantean como aguas sucias. Por lo consiguiente si el río crece inunda los pueblos que están cerca de éste como los que aparecen en el texto que son: Zacatepec y Jojutla. En el texto original no mencionan las palabras jardín ni mercado, pero se tradujo así tal vez porque en la actualidad hay un jardín (o varios) y el mercado del pueblo, que desafortunadamente se inundaron.

11. Por último tenemos la expresión "el año 24" que hace probablemente referencia al año 1924, la palabra *pan* significa "sobre o encima" y "en", *xiuitl* es año y *sempoalli uan naui* es efectivamente 24, pero no hacen referencia a qué siglo.

Como pudimos ver la traducción de don Ricardo tampoco sigue las reglas de la estructura gramatical del español y tiende a ser un poco repetitiva, aunque esto represente una característica de la narrativa del náhuatl. Es claro que tradujo el texto pensando en náhuatl. No sabemos si tenía alguna experiencia en traducción, pero es evidente que el intercambio lingüístico va más allá de hablar el español y el náhuatl.

Ambas narrativas tradicionales no muestran nada de ficción, sino todo lo contrario son, de hecho, eventos que sucedieron en un periodo determinado, pero que también son actuales y cotidianos como la lectura del agua del pozo. Sin embargo, su filosofía no se pierde. En la segunda traducción el narrador es un experto en interpretar el agua del pozo y da a entender que esta información la da a conocer a la gente de su comunidad para que tomen medidas, si es que llueve, o que simplemente no se preocupen porque habrá "buenas lluvias" para su cosecha. Este trabajo en la comunidad es muy importante, porque se siguen guiando por la naturaleza. Ese lazo tan fuerte que todavía tienen con la naturaleza significa que no se han perdido del todo los valores y costumbres prehispánicas. Me refiero a los valores como el aprecio a la vida, el respeto por la naturaleza y sus semejantes, y a las costumbres como la organización de sus vidas dentro de la comunidad y en el ejemplo del agua en la botella que si lo analizamos bien no se entierra en cualquier lugar, sino en un lugar clave que nos indica, en una manera muy visible, que del centro parte todo, sería como el corazón que estuviera bombeando agua hacia todas las milpas de la parcela para mantenerlas frescas y vivas.

Con respecto a las traducciones de don Ricardo, éstas presentan un trasvase lingüístico, es decir que aunque dominaba ambas lenguas una era la que sobresalía, y la que terminó por absorber a la otra. Como dice Francisco Morales Padrón: "El trasvase lingüístico o dominio de ambos idiomas, por unos y otros, debió ser corriente, hasta que el vencedor impuso totalmente el suyo y absorbió la lengua del vencido..."[93]. Don Ricardo redactaba en español pensando en náhuatl. Esto quiere decir que no nada más hay un trasvase lingüístico, sino un trasvase cultural; precisamente Miguel León Portilla en *Los manifiestos en náhuatl* habla de una transculturación conceptual-lingüística basándose en el concepto de trasvase lingüístico. También afirma que los frailes buscaron la forma de hacer asequible al hombre indígena los postulados que en ese tiempo informaban lo que estaba pasando en la época de la revolución. Sin embargo, no fue posible una mera traducción del castellano al idioma nativo, porque el segundo no contaba con los términos o giros para expresar conceptos totalmente ajenos y que correspondían a un mundo cultural diferente. Por lo consiguiente,

---

[93]   Dolores Corbella Díaz, "Contacto de lenguas e interferencias lingüísticas: el caso del español de Canarias", 1995, el día 3 septiembre 2010, p. 113, <*http:// cvc.cervantes.es/obref/aih/pdf/12/aih_12_1_015.pdf*>.

el concepto de transculturación cultural-lingüística que propone este autor se debe producir si efectivamente se busca la comunicación. Este concepto tiene bases antropológicas, sociológicas, psicolingüísticas, entre otras. Sin embargo, me enfocaré en la transculturación lingüística que es la que analiza los fenómenos de los préstamos, hibridaciones[94], neologismos y calcos entre los dos idiomas. Muchos de estos fenómenos de transculturación sirvieron para enriquecer ambos idiomas y facilitar la traducción, ya sea del español al náhuatl o viceversa.

---

[94] Entiéndase por hibridación cultural los modos en que determinadas formas se van separando de prácticas existentes para recombinarse en nuevas formas y nuevas prácticas. Además como una condición de lo popular y vinculando lo popular o folklórico con lo masivo, Adriana Cadena Roa, "Identidad y Política Cultura: una imagen de lo comunitario y artístico en la ciudad de Oaxaca", México, UAMI, 2003, p. 13, <*http://148.206.53.231/UAMI10663. PDF*>.

CONCLUSIÓN

A LO LARGO de este trabajo se observó el nacimiento, consolidación e importancia del náhuatl antes y después de la llegada de los españoles hasta el siglo XXI. En el año 1400 d.C., el territorio nahua se definió, enriqueciendo así a su lengua, el pre-nahua, con influencias de carácter fonológico de algunas de las lenguas locales como el koran, el huasteco, el mixe-zoque, entre otros. Al fundar *Tenochtitlan* en el año 1325 d.C., los aztecas o mexicas empezaron a construir escuelas y academias para enseñar, entre otras actividades el arte de memorizar, recitar, cantar. Es en estas academias que se consolidó el idioma expandiéndose por toda la comunidad a través de la poesía. El término náhuatl clásico surgió con los españoles y es así como empieza la segunda etapa del náhuatl.

El náhuatl clásico fue reconocido como un náhuatl culto entre los aztecas y se descubrió, posteriormente, que efectivamente los mexicas utilizaban un estilo de escritura, como lo muestra León-Portilla en los códices mexicanos. Para entender el náhuatl es preciso saber que éste es un idioma aglutinante (porque es un idioma que junta y fusiona palabras para crear nuevas palabras) y metafórico.

Los aztecas tenían tres maneras de escribir sus ideas:

- Por dibujos (los glifos de los códices).
- Por símbolos (el sol representa un dios).
- Por la naturaleza (Atzala= el agua que pasa por medio).

Después de la conquista, los españoles hicieron una transcripción de los sonidos del náhuatl utilizando el alfabeto latino. Fue posible transcribir casi todos los sonidos. Estos sonidos se escribieron con un pequeño cambio en la pronunciación para formar el sonido correcto:

- X se pronuncia "sh" (como en Mexico *me-shi-co*).
- H es una h muda, sin sonido.
- *H* es una h "saltillo" que suena como una jota y causa una pausa en la palabra (como en Cuau**h**tla). Cuando "h" precede un diptongo (ua, iu, etc.), la *h* es muda. Si no, es la h saltillo.
- Tl es un sonido fuerte. Cuando está dentro de una palabra se combina el sonido con el sonido siguiente, y cuando está al final es un sonido corto pero fuerte.
- Ll se pronuncia como l.

El náhuatl sobrevivió no solamente por el número de personas que la mantenían viva, sino también por su utilidad como instrumento de comunicación ante la concurrencia de otro idioma de vigencia mayoritaria, con el que tenía que coexistir (el español). Muchas de las comunidades que hablan náhuatl pudieron también conservar su lengua por una tercera razón: la distancia. Este factor se vio reflejado años más tarde en los censos de población. Poco a poco fueron surgiendo comunidades nahuas de las cuales se desconocía su existencia, y que "gracias" a ese distanciamiento de las grandes ciudades pudieron conservar así su lengua.

Esta lengua es dulce y tierna, pero también metafórica porque el significado de muchas de sus palabras no viene de su traducción literal, sino del concepto que yace detrás de éstas. Por ejemplo, la palabra *tentli* significa labio, sin embargo su abstracción *tenyotl* significa fama. Hay que entender la metáfora de la abstracción de labios para comprender *tenyotl*. Pero también es aglutinante por la formación de las palabras gracias a la combinación de sustantivos, verbos, adjetivos, etc., con sufijos y prefijos. Hay sufijos para expresar los plurales, la reverencia, la abstracción, el diminutivo y otros conceptos. El sustantivo es la raíz de muchas palabras. El náhuatl no usa artículos determinativo (él, la, los, las) con los sustantivos.

Nuestro estado de Morelos es un territorio meramente nahua y conocer la lengua de su comunidad es una manera de entender su cultura que se ha forjado por la riqueza de su pasado vernáculo, y por lo tanto siempre formará parte de nuestro patrimonio cultural e histórico de Morelos. Desafortunadamente los mexicanos que no dominamos alguna lengua indígena hemos perdido la posibilidad de entender mucho del sentido de nuestro paisaje, el mensaje detrás de todos los nombres de pueblos, ríos, árboles, cerros, etc., porque en el hecho de nombrar está el conocer y después el crear, todo lo que tiene significado posee un nombre como los topónimos que conservan la riqueza del conocimiento descriptivo de ciertos lugares o hacen referencia a la abundancia de ciertos elementos naturales que caracterizan el lugar como en el caso de la leyenda "El pozo de Coatepec".

Al adentrarnos en el campo de la traducción se comprueba que no nada más se estudia la gramática y el vocabulario del náhuatl, sino que también su cosmología y la filosofía. Esa relación del hombre con la naturaleza provoca que se creen nombres (palabras) que sirven como referencia y que impiden que los cambios lingüísticos resulten en un rompimiento de los esquemas básicos de pensamiento con los que ha sido posible la comprensión del mundo y la ubicación en el mismo. La cosmovisión nahua encierra muchas funciones que se encuentran presentes en familia, el linaje y la comunidad que determinan la concepción del trabajo, de los objetos y la forma de vivir. El simbolismo que yace en esta cosmovisión se expresa a través de los innumerables mitos y leyendas nahuas del territorio morelense.

En ambas traducciones de don Ricardo no lograron el objetivo de comunicar el mensaje completo inclusive queda un poco entorpecido por los paralelismos de frases que, aunque en algunos textos narrativos pueden ser útiles y necesarios, no facilitan la lectura para las personas que no hablan náhuatl. Sin embargo, para las personas que son bilingües lo podrían entender con facilidad, porque su mundo extralingüístico comprende, asimila y pasa por alto los errores gramaticales del español que tienen ambas traducciones.

La propuesta de Miguel León Portilla de una transculturación es necesaria para llevar a cabo este tipo de traducción literaria, en la cual se compararán conceptos, se crearán neologismos, se utilizarán calcos y préstamos que le darán sentido al texto de la lengua meta, porque hay que recordar que la salud de una lengua está en razón directa no sólo del número de personas que la mantienen viva, sino también de su utilidad como instrumento de comunicación.

ANEXOS

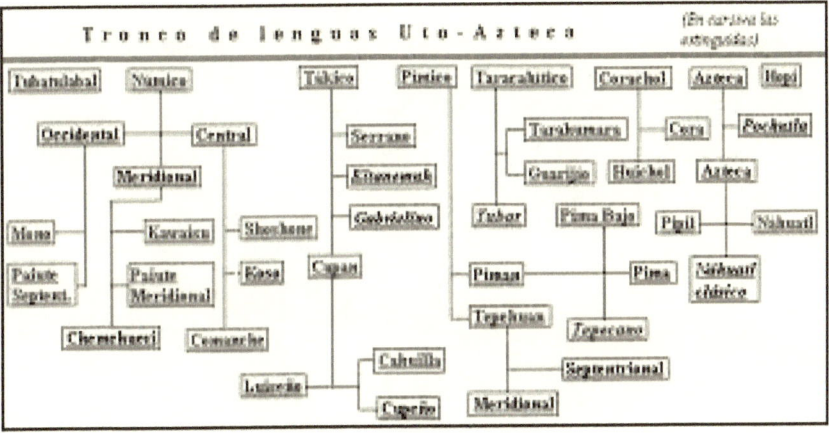

Cuadro 1. Tronco de las lenguas Uto- Azteca.

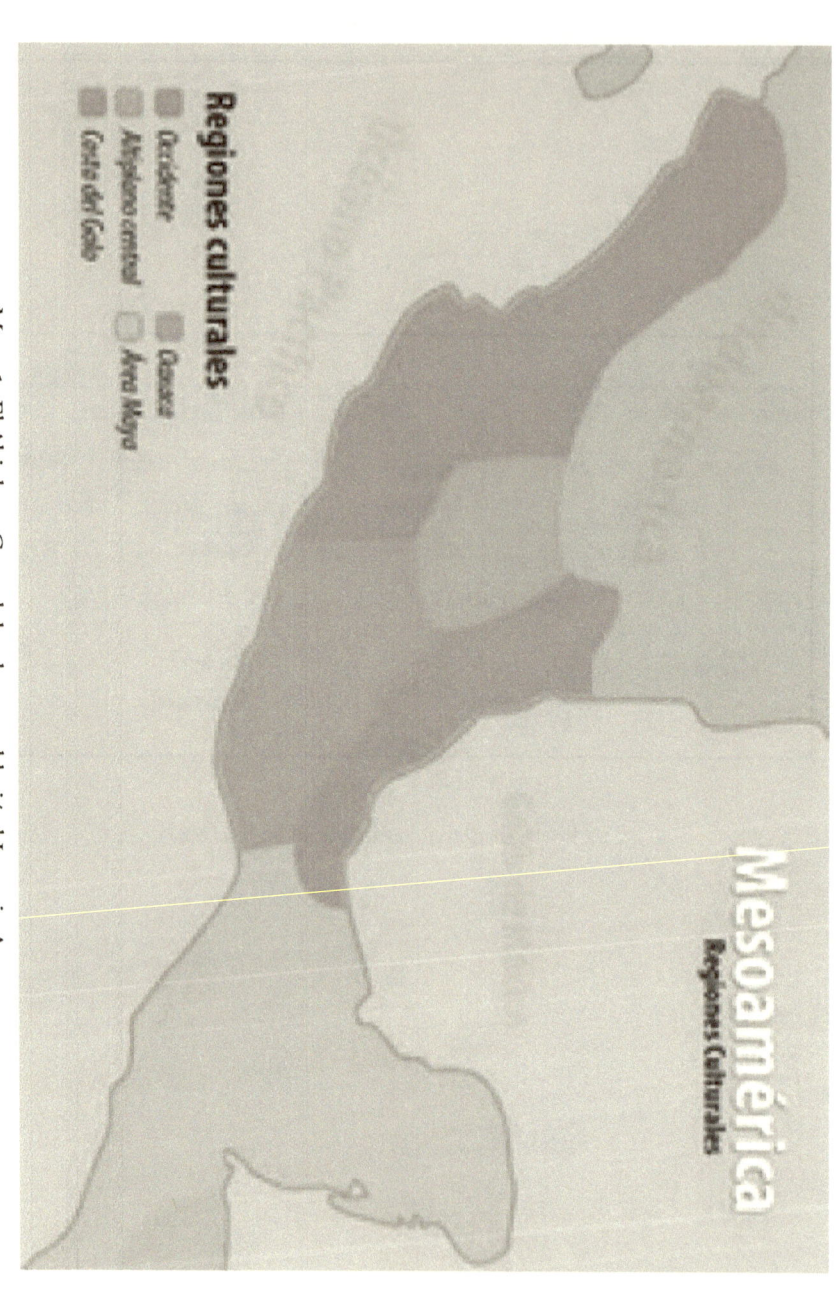

Mapa 1. El Altiplano Central donde se estableció el Imperio Azteca.

Mapa 2. Ubicación de las comunidades de habla náhuatl

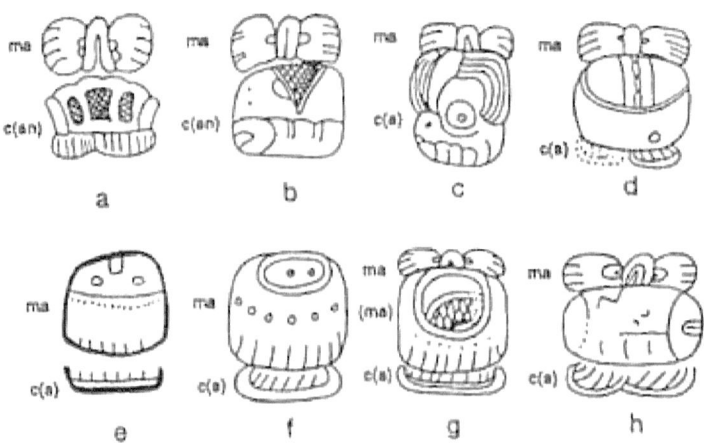

Cuadro 2. Escritura náhuatl

BIBLIOGRAFÍA

Libros:

* Berman Antoine, *La traduction de la lettre ou l'auberge du lointain*, en *Les tours de Babel*, Ed. Antoine Berman. Mauvezin: Trans-Europ-Repress, 1985, pp. 48-64.
* Garibay K., Ángel María, 2000a, *Panorama literario de los pueblos nahuas*, México, Porrúa Colección Sepan Cuántos, pp. 20-21.
* León Portilla, Ascensión H. de, 1988a. *Tepuztlahcuilolli: impresos en náhuatl II. El náhuatl, siglos XVII y XVIII*, México, UNAM, pp. 5-42.
* -----1988b, p. 115.
* -----1988c, pp. 130-131.
* -----1988d, pp. 153-220.
* León Portilla, Miguel, 1979a. *La filosofía náhuatl estudiada en sus fuentes*, México, 10° edición, p. 10.
* -----1997b, *Los antiguos mexicanos, a través de sus crónicas y cantares*, México, Fondo de Cultura Económica, 2° edición, pp. 44-45.
* -----1993c. *Quince Poetas del mundo náhuatl*, México, Diana, p. 15.
* Séjourné, Laurette, *Pensamiento y religión en el México antiguo*, México, Fondo de Cultura Económica, pp. 31-34.

Documentos y revistas en línea:

*   Bardier, Alejandra, "Paleografía" en *Fichas temáticas*, <*http://www.fhuce. edu.uy/antrop/extension/viboras/paleografia.htm*>.
*   Cadena Roa, Adriana, "Identidad y Política Cultural: una imagen de lo comunitario y artístico en la ciudad de Oaxaca", México, UAMI, 2003, p. 13, <*http://148.206.53.231/UAMI10663.PDF*>.
*   Cifuentes, Bárbara, "Letras sobre voces. Multilingüismo a través de la historia", 1998, p. 308, <*www.ejournal.unam.mx/ecn/ecnahuatl30/ ECN03017.pdf*>.
*   Corbella Díaz, Dolores, "Contacto de lenguas e interferencias lingüísticas: el caso del español de Canarias", 1995, p. 113, <*http://cvc. cervantes.es/obref/aih/pdf/12/aih_12_1_015.pdf*>.
*   Dr. Jorge Klor de Alva, <*www.ifc.org/ifcext/che.nsf/AttachmentsByTitle/ deKlavaBIO/$FILE/deKlavaBIO.pdf*>.
*   Hadley, Scott, "La literatura bilingüe náhuatl-español: un espacio de convivencia entre dos idiomas", Contacto y Contagio, p. 419, <*http:// www4.nau.edu/seminario/LiteraturaBilingüe.pdf*>.
*   Navarrete Gómez, Pablo Rogelio, "Cuentos náhuatl de la Malintzin",1° edición, 2009, 20 agosto 2010, <*http://www4.nau.edu/seminario/ AntologíaIntroFinal.pdf*>.
*   Payás, Gertrudis, "Algunas claves de la traductología para entender a Garibay", 30 de julio-diciembre 2004. Revista del Centro de Ciencias del Lenguaje, Número 30, p. 114, <*http://www.escritos.buap.mx/escri30/ gertrudispayas.pdf*>.
*   Payás, Gertrudis, "El historiador y el traductor", Fractal, p. 8, <*www. fractal.com.mx/F42Payas.htm*>.
*   Payás, Gertrudis, "El historiador y el traductor", Fractal, pp. 5-6, <*www.fractal.com.mx/F42Payas.htm*>.
*   Payás, Gertrudis, "El historiador y el traductor", Fractal, pp. 1-2, <*www.fractal.com.mx/F42Payas.htm*>.
*   Payás, Gertrudis, "El historiador y el traductor",Fractal, pp. 1-2, <*www. fractal.com.mx/F42Payas.htm*>.

- Serge Gruzinski, *http://www.tematika.com/libros/derecho_y_ciencias_ sociales--4/historia--3/historia_argentina--1/la_colonizacion_de_ lo_imaginario--77189.htm* y *<www.ejournal.unam.mx/ehn/ehn08/ EHN00806.pdf>*.

- Yataco, Miryam, "Lenguas, dialectos: teoría concerniente. Una introducción a conceptos básicos sobre lingüística", Aparece en el boletín de New York, p 2, *<www.linguisticrights.org/es/documentos/ Lenguas_dialectos_teoría_concerniente_Una _introducción_a_conceptos_ básicos_sobre_linguistica_Miryam_Yataco_NYU_Steinhardt.pdf>*.

Material literario:

- Mahuiltatol. Antología Infantil del concurso de Literatura Nahuatl "Tlamatini".

Documentales:

- Tohuekaitalistli de Enrique Escalones. Barra de Cultura Náhuatl (canciónindigenacontemporanea.blogspot.com, consultado el día 12 julio 2010).

Entrevistas con:

- Marco Antonio Tafolla Soriano, compositor y guitarrista nacido en el poblado indígena de Xoxocotla, Morelos.
- Dr. Miguel Morayta Mendoza, antropólogo del INAH de Morelos.
- Irene Domínguez, paleógrafa nahuatlata originaria de Hueyapan, Morelos. Trabajó por un tiempo en el INAH de Morelos. Actualmente está jubilada.

- Tirso Clemente, traductor-intérprete y profesor de náhuatl, originario de Tetelcingo, Morelos. Actualmente imparte clases de náhuatl en el CELE de Cuernavaca.

Sitios de internet:

- Arqueología Mexicana, <*http://www.arqueomex.com/S2N3nColegio89.html*>.
- Arte Azteca, <*http://www.famsi.org/spanish/research/aguilar/Aguilar_Art_Text_es.pdf*>.
- Arte Historia, <*http://www.artehistoria.jcyl.es/cronicas/contextos/11641.htm*>.
- Arte Historia, *http://www.artehistoria.jcyl.es/cronicas/contextos/11642.htm*>.
- Aztlan RPG, <*http://aztlanrpg.net/forums/index.php?topic=947.0*>.
- Biblioteca Virtual Latinoamérica, <*www.cialc.unam.mx/pensamientoycultura/biblioteca%20virtual/diccionario /in_ixtli_in_yollotl.htm*>.
- Biblioteca Virtual Latinoamérica, <*www.cialc.unam.mx/pensamientoycultura/biblioteca%20virtual/diccionario/toltecatl.htm*>.
- Biblioteca virtual UNAM, <*http://www.cialc.unam.mx/pensamientoycultura/biblioteca%20virtual/diccionario/tlamatinime.htm*>.
- Coespo Morelos, <*http://www.coespomor.gob.mx/poblacion/Indigenas_de_Morelos_COESPO_MORELOS_SEP%202007.pdf*>.
- Coespo Morelos, <*http://www.coespomor.gob.mx/poblacion/Indigenas_de_Morelos_COESPO_MORELOS_SEP%202007.pdf*>.
- Comisión Nacional para el Desarrollo de los pueblos indígenas (CDI), < *www.cdi.gob.mx*>.
- Consejo Nacional para la Cultura y las Artes, Antología de cuentos indígenas de Guerrero, <*http://207.249.136.11/pdf/antologia_cuentos_indigenas_de_guerrero.pdf*>.
- Cuernavaca, <*http://cuernavacaplus.tripod.com/cuernavaca.htm*>.

- Departamento de Lingüística Aplicada del CELE – UNAM, <*http:// dla.cele.unam.mx/dlaw/indice1.html*>.
- Dirección de Educación Elemental (IEBEM), <*http://www.iebem.edu. mx/index.php?action=view&art_id=199*>.
- Dr. David Carrasco Jr, <*http://web.mac.com/chuyitoson/Villanueva/ DrCarrasco_2.html*>.
- Etimología de México, <*http://etimologias.dechile.net/?Mexico*>.
- Historia y relatos, Leyenda azteca del sol y la luna, <*http://historiaactual. blogspot.com/2008/08/leyenda-azteca-del-sol-y-la-luna.html*>.
- INEGI, <*http://www.inegi.org.mx/inegi/default.aspx*>.
- Instituto Lingüístico de Verano en México, <*http://www.sil.org/ mexico/22e-troncos.htm*>.
- Instituto Lingüístico de Verano en México, <*www.sil.org/mexico/ nahuatl/morelos/00v-NahuatlMorelos-nhm.htm*>, <*www.sil.org/mexico/ nahuatl/guerrero/F004D-Cuentos-nah.htm* >.
- La cultura tlahuica de Morelos, <*http://infomorelos.com/arqueolo/ tlahuica.htm*>.
- Leyendas mexicanas y mitos mexicanos, <*http://www.mitos-mexicanos. com/index.php?option=com_search&searchword=prehispanica&searchphr ase=all&ordering=newest*>.
- Paleografía, <*http://www.fhuce.edu.uy/antrop/extension/viboras/ paleografia.htm*>.
- Quetzalcoatl, <*http://www.civilopedia.com/historia/azteca/religion/dioses/ quetzalcoatl/*>.
- Sentlalistli in tlakeualistli tonemillis "Xoxokoltekayotl ", <*http://www. redindigena.net/organinteg/sentlalistli.html*>.
- Sin City Chamber of Commerce, <*http://www.sincitychamberofcommerce. com/datos.htm*>.
- Toltequidad. Las enseñanzas de la serpiente emplumada, <*http://www. templotolteca.com/tse/sp/paginas/conceptos.html*>.
- Xochimilco, <*http://www.xochimilco.df.gob.mx/historia/index.html*>.